珍藏本
纪念版

汉译世界学术名著丛书

政府论

下篇

——论政府的真正起源、范围和目的

〔英〕洛克 著

叶启芳 瞿菊农 译

2017 年 · 北京

John Locke

THE SECOND TREATISE OF GOVERNMENT

(An Essay Concerning the True Original,
Extent and End of Civil Government)

The Macmillan Co.

New York, 1956

根据麦克米伦公司纽约 1956 年版译出

约翰·洛克(John Locke, 1632—1704)是十七世纪英国资产阶级的自由主义思想家之一。他是英国 1688 年政变和资产阶级与贵族联盟的理论家和辩护人。

本书是洛克的《政府论两篇》(1690)的第二篇,也是洛克的政治思想的主要著作之一。其第一篇,即《政府论上篇》(1689)主要批判君权神授学说。本书系统提出资产阶级革命的理论基础,其内容较第一篇为重要,故先译出,供政法理论工作者研究参考。

洛克在本书中,试图以自然法学说说明国家的起源和本质问题。他从自然状态出发,批判封建极权制度,主张私有财产的不可侵犯、国家基于契约、立法权为最高权力、国家权力分立和人民有权反抗暴政等。洛克的这一著作在资产阶级政治思想上曾发生很大的影响。

汉译世界学术名著丛书
（120年纪念版·珍藏本）
出版说明

2017年2月11日，商务印书馆迎来120岁的生日。120年前，商务印书馆前贤怀揣文化救国的理想，抱持“昌明教育，开启民智”的使命，立足本土，放眼寰宇，以出版为津梁，沟通中西，为中国、为世界提供最富智慧的思想文化成果。无论世事白云苍狗，潮流左右激荡，甚至战火硝烟弥漫，始终践行学术报国之志，无改初心。

迻译世界各国学术名著，即其一端。早在20世纪初年便出版《原富》《天演论》等影响至今的代表性著作，1950年代后更致力于外国哲学和社会科学经典的译介，及至1980年代，辑为“汉译世界学术名著丛书”，汇涓为流，蔚为大观。丛书自1981年开始出版，历时三十余年，迄今已推出七百种，是我国现代出版史上规模最大、最为重要的学术翻译工程。

丛书所选之书，立场观点不囿于一派，学科领域不限于一门，皆为文明开启以来，各时代、各国家、各民族的思想与文化精粹，代表着人类已经到达过的精神境界。丛书系统译介世界学术经典，引领时代思想，为本土原创学术的发展提供丰富的文化滋养，为推动中国现代学术和现代化进程做出了突出的贡献。

为纪念商务印书馆成立120周年，我们整体推出“汉译世界学术名著丛书”120年纪念版的珍藏本，寄望既利于文化积累，又便于研读查考，同时向长期支持丛书出版的译者、编者和读者致以敬意。

两甲子后的今天，商务印书馆又站在了一个新的历史时间节点上。我们不仅要铭记先辈的身影和足迹，更须让我们的步伐充满新的时代精神。这是商务人代代相传的事业，更是与国家和民族的命运始终紧密相连的事业。我们责无旁贷，必须做好我们这代人的传承与创造，让我们的努力和成果不仅凝聚成民族文化的记忆，还能成为后来人可以接续的事业。唯此，才能不负前贤，无愧来者。

商务印书馆编辑部

2017年10月

论洛克的政治思想

吴 恩 裕

一

十七世纪的英国革命是第一次具有世界历史意义的资产阶级反对封建制度的革命。经过了内战、共和、护国制和复辟的起伏，英国革命以1688年的阶级妥协告终。洛克(John Locke，1632—1704)一生经过整个革命时期，他的政治思想是为通过1688年的妥协而奠定的议会制的资产阶级国家辩护的。在这个意义上，我们说洛克是1688年英国封建贵族同资产阶级和新贵族(资产阶级化的贵族)妥协的产儿。

《政府论两篇》是洛克主要的政治思想著作。下篇(即本书)从正面论证了资产阶级议会制；上篇则批判拥护封建王权的菲尔麦的君权神授说。两篇东西合起来看，就可以了解：洛克反对什么，拥护什么。事实上，洛克的这两篇论文担负了对十七世纪英国革命期间代表各阶级、各阶层的各派政治思想进行清理和总结而使它们"归于一"的任务。从我们今天研究洛克的政治思想的角度来看，下篇更为重要一些。

洛克政治思想的形成，同他的家庭、教育以及革命时期他的社会关系和政治活动是分不开的。

洛克出身于一个商人的家庭,他的父亲是小土地所有者,做过律师,是一个清教徒。在英国革命期中,他的父亲站在议会一边,参加了克伦威尔的革命军队。1652年洛克进了牛津大学的基督教会学院,该院的院长兼副校长约翰·欧文(John Owen)也是一个清教徒。当时主持牛津大学的都是些独立派的人物,他们是英国最早主张宗教容忍的。洛克所受的家庭熏陶和教育影响,都是当时资产阶级的思想观点。

1666年洛克结识了艾希利勋爵(Lord Ashley)亦即后来的沙夫茨伯里伯爵(Earl of Shaftesbury)。他从1667年开始就做艾希利的秘书。后来并随沙夫茨伯里做了几次政府其他职位的工作。他在这个伯爵的家里住过十五年之久,关系很深。沙夫茨伯里做辉格党的领袖时,他们也时常交换对于政治问题的意见。这对洛克的影响很大。

洛克替英国1688年的阶级妥协辩护的理论,主要地见于他在1689年出版的《政府论两篇》中的下篇。为了帮助了解洛克的政治学说,我们有必要把英国资产阶级革命期中阶级斗争的形势以及在理论战线上各个思想派别,回顾一下。在这次革命中,代表封建势力的是国王、封建贵族和僧侣。他们凭借王权来维持封建制度,保护封建阶级的利益。资产阶级和新贵族则结成联盟,凭借议会并团结中小业主,利用人民的力量来进行反封建的革命。经过了从1642年到1649年的流血斗争,资产阶级和新贵族于1649年宣布英国为共和国。不久,代表资产阶级和新贵族的克伦威尔走上了军事独裁的道路。从1649年到1660年,由于革命后资产阶级和新贵族的政权背弃了革命士兵和人民群众的利益，士兵不断地起义，农民革命运动也在增长。克伦威尔死后的军人统治期间，财政危机以及到了1659年已经十分严重的农民运动，使资产阶级和新贵族向往于斯图亚特王朝的统治——认为它可以对人民群众施行有力的镇压。这样才有1660年的复辟。在恐惧人民力量的形势下，封建贵族同资产阶级和新贵族，昨天还是彼此争夺政权的敌人，今天却成为携手镇压人民的朋友了。可是，资产阶级和新贵族利用封建王朝的力量来镇压人民自发的革命运动这一目的虽然达到，复辟后的查理二世却恢复了旧选举和旧选区制度，从而保证了大土地所有者在议会中的统治地位——这就使大土地主同工业资产阶级的利益对立起来。当时在议会中形成了反对国王的“辉格党”和拥护国王的“托利党”的斗争。后者代表大地主的利益，主张君主专制政体；前者代表资产阶级和新贵族的利益，主张限制王权而由议会掌握最高权力。詹姆士二世1685年上台后，采取了一系列损害资产阶级和新贵族利益的措施，加深了对人民的奴役和迫害，因而在人民群众中激起了新的反抗浪潮。面临着新的革命威胁，辉格党与托利党便携手于1688年实行政变，把詹姆士二世的女婿威廉从荷兰迎来承继王位。詹姆士二世逃往法国。这次政变由于未经过流血，所以资产阶级历史家称之为“光荣革命”。

1688年政变以后，1689年的《权利法案》和1701年的《王位继承法》，使国王在法律、赋税、军事上的措施都必须经过议会的同意；而且人民有向国王请愿的权利；议会议员有言论、决议等自由。实际上，英国国王已经失却其作为封建君主的权力，议会是惟一的立法机关，它的权力决定一切。这样就形成了英国的立宪君主制，亦即所谓“英国的议会民主”。这意味着一方面旧封建王朝的威廉被拥为统治者,另一方面地主式的和资本家式的货殖家也登上了统治地位。从此以后,英国新的统治阶级就利用国家机器制定有利于自己阶级的法令,迈步向前发展资本主义生产了。

从1640年英国革命开始,英国社会各阶级在政治、经济和军事的斗争之外,几乎每一阶级都有他们的政治思想上的代言人。这些人的主张和理论,形成了英国资产阶级革命期中极其激烈的争论。

在革命阵营中,代表资产阶级利益的独立派思想家密尔顿(1608—1674)阐释自然法,宣传人权和自由,并且提出了建立资产阶级共和国的要求。反映中等贵族利益的哈灵顿(1611—1677)虽然不讲自然法,却也反对封建君主制而主张共和国制。平等派代表小资产阶级的利益,其成员多半是英国议会军队中的下级军官和士兵。平等派的领袖李尔本(1614?—1657)比较急进,他反对保持上院,呼吁用普选的方法产生下院,以便使小资产阶级能够进入议会。反对国王的战争结束以后,由于土地被资产阶级所夺取,而且封建义务也并没有解除,农民极为不满,遂产生了“掘地派”运动。他们的领袖温斯坦莱(生卒年无确考)主张土地公有并进而废除私有制。这些思想反映了贫苦农民的要求。

为王权辩护的主要是菲尔麦(?—1653)。他沿用中世纪神权理论的逻辑,力证“君权神授”和“王位世袭”。霍布斯(1588—1679)虽然是一个自然法的阐释者,虽然他的有些主张客观上是符合大资产阶级和新贵族利益的,但他既赞成君主制,又极力为绝对主义辩护。他这些学说却是对封建王朝有利的。而且,在长期议会召开之前,他所发表的《保卫维持国内和平不可缺少的国王大权》一文,就是为国王权力呼吁的。

由上可见,从英国资产阶级革命开始直到1688年这几十年间理论战线上的争辩,是很复杂和很激烈的。不但1688年两个阶级妥协后所奠定的资产阶级议会的统治需要一项理论的说明或辩护,就是几十年来政治思想上的论战也亟须一次廓清或总结。这是胜利后的资产阶级所必须做的事情:因为,只有这样才能扫除“异己之见”,从而巩固他们的统治地位。

洛克正是在理论上为已经上台的资产阶级完成辩护他们的新制度并扫除异说这一历史任务的人物。

二

洛克的理论工作是两方面的:一是破坏性的,二是建设性的。在本节我们先略谈他的摧毁“君权神授”“王位世袭”的理论。

英国资产阶级革命虽然有处死国王的事件,但封建贵族一直是具有相当大的势力的,复辟就可以说明这一事实。1688年以后,虽然国王成为虚君,然而所谓“光荣革命”本身就表明:英国工商业资产阶级并没有强大到足以压倒一切拥护君主的力量。在这种情况下,从理论上打击一切保皇理论和专制主义,也还是不无现实的意义的。洛克的《政府论》上篇就担当起这一任务。

洛克选择的打击对象是菲尔麦。菲尔麦在洛克的时代是保皇派(Royalist)中的时髦人物。[①] 他在1680年出版了《父权制,或国

① 参看波洛克(F. Pollock)的《洛克的国家论》,见其《法学论文集》,伦敦1922年版,第82页。

王的自然权力》(*Patriarcha, or The Natural Power of Kings*)一书。他的论点可以用一句很简单的话概括:国王的权力是直接来自上帝的,他的王位是应该世袭的。在今天看来,我们可能认为这是笑谈。但当时,这却是拥护君主主义的流行的论据。不久以前,詹姆士一世(1566—1625)就是这样论证王权神授的。[①] 在资产阶级反封建革命刚刚发动的时期,保皇派满足于这种来自中世纪神学的政治"理论",是不足为怪的。因此,当时资产阶级反对封建阶级也自有其宗教斗争的一面。

洛克用整个《政府论》的上篇来驳斥君权神授学说。他的结论扼要地见于《政府论》下篇的开端。他说:"第一,亚当并不基于父亲的身份的自然权利或上帝的明白赐予,享有对于他的儿女的那种权威,或对于世界的统辖权。第二,即使他享有这种权力,他的继承人并无权享有这种权力。"[②]为什么呢?因为,"由于没有自然法,也没有上帝的明文法,来确定在任何场合谁是合法继承人,就无从确定继承权,因而也无从确定应该由谁来掌握统治权"。[③] 因为这样,所以洛克宣布:"现在世界上的统治者要想从以亚当的个人统辖权和父权为一切权力的根源的说法中得到任何好处,或从中取得丝毫权威,就成为不可能了。"[④]

这些话,倘使是在1688年以前说的,就有打击保皇派理论的战斗作用。而发表在1688年之后,则结合国王成为虚君的事实,

① 主要见于他的《自由君主国的真正法律》,1598年出版。

② 见本书第1页。

③ 同上。

④ 同上。

也有扫除残余的保皇派理论的作用。因为：即使一个阶级消灭了之后，它的思想、观点也不可能立即随之而消灭，何况英国当时的封建阶级仍然残存并且有一定的力量。

有人认为：就宣传君主制和专制主义而言，霍布斯远比菲尔麦更值得批判，为什么洛克选择菲尔麦这样一个"倘使不经洛克批判便早已被人忘掉"[①]的敌人呢？直到最近厄姆森（J. O. Urmson）编的《西方哲学和哲学家简明百科全书》（1960 年伦敦版）还说："洛克在这里抨击的目标，不幸地并不是强有力的霍布斯的绝对主义学说，而是热心的保皇派菲尔麦勋爵的绝对主义学说。"[②]殊不知：在当时，由于霍布斯有唯物主义和无神论的思想，所以深为保皇派所厌恶。洛克当然不能把一个同保皇派不相容的人物当做保皇理论的代表。反之，菲尔麦则是查理一世授予爵位的人物，而他的住宅据说曾被议会派掠毁了十来次，他是君权神授集团中的极端派。洛克以他为攻击的对象，是有理由的。

还不止此，我认为洛克之所以不选择霍布斯为保皇派的理论代表，尚有其他的看法。霍布斯虽然认为君主制是最好的政制，但第一，他是用为保皇派所不能接受的资产阶级的自然法作为论据的；第二，他的绝对主义或专制主义却也不一定必须是君主才能实行，而是在任何政府形式之下都能实行的。正因为这样，所以 1652 年已经准备实行军事独裁的野心勃勃的克伦威尔，由于气味相投，才有邀请霍布斯出任共和国重要官职的可能。也正由于政

① 这是许多资产阶级学者的看法。

② 见该书伦敦版第 233 页。

治上看法的相左,所以当哈灵顿借《大洋国》中的统治者来讽谏克伦威尔“功成而退”时,他的书才一度被克伦威尔所扣留。

在我们看来,霍布斯的另外一些甚至更根本的主张则是资产阶级性质的。比如,关于国家起源的解释,他和洛克都诉诸自然法和契约说。在经济方面,他主张发展手工业、农业、航海业和商业,提倡货币经济,实行经济立法等等。这一切都是符合资产阶级和新贵族的利益的。

因此,我们可以说,洛克毋宁是把霍布斯当做同一阶级内的理论上的异己者,而菲尔麦则是不同阶级的理论斗争中的敌人;洛克选择后者为批评对象并不是在射死虎,而是自有其现实意义的。

三

显然,更重要的是洛克的君主立宪制下的议会主权的理论,也就是《政府论》下篇里面阐述的理论。《政府论》下篇和资产阶级革命时期的其他著作一样,也包括“自然法”、“自然状态”、“自然权利”、“社会契约”这些看来很复杂的内容。然而,无论是怎样复杂和玄虚的理论,如果掌握了它们的实质,就可以看出它们的现实目的却是很简单的。洛克也不例外。他的《政府论》下篇归根到底不外两条:第一,政府的目的是保护私有财产;第二,最好的政府形式是议会具有最高主权的制度。本节先谈第一点。

国家或政府的目的是保护财产,从马基雅弗利(1469—1527)以来,几乎所有近代资产阶级政治思想家都这样宣布。马基雅弗利的方法是简单和直率的:人要生存,为了保持生存,他必需财产。

到了资产阶级革命时期,同是这个“结论”,资产阶级学者却给它加上了一些“历史”的前提和“理性”的解释。那些前提和解释就是在十六、十七、十八世纪资产阶级革命时期著名的自然状态、自然法、自然权利、社会契约等理论。因此,为了说明洛克的“政府的目的是保护私有财产”的看法,我们就必须先略论他所认为是这一看法的那些历史的前提和理性的解释。

洛克认为自然状态、社会契约都是为了保护财产的国家(或政府)的“历史的”前提。我们却认为它们是反历史的,因为:历史上从来就没有过那种自然状态和社会契约。洛克又认为自然法、自然权利是国家的“理性的”解释。我们则认为它们是唯心的,因为:自然法和自然权利都只是新兴资产阶级为了实现他们的具体要求而臆造出来的假说。

据这反历史的和唯心的假说,人类最初是处于自然状态之中的。虽然斯宾诺莎(1632—1677),特别是霍布斯,把自然状态描绘成为一个弱肉强食的不安定和不可忍受的状态,但洛克却把它看成是一个有自由、有平等、有自己财产的状态。[①] 自然法统治着自然状态;自由、平等和财产都是人们的自然权利;自然状态不是“放任的状态”,[②]更不是像霍布斯所说的那种“人人都互相处于战争的状态”。但自然状态却缺乏公共的裁判者,因此,当它的成员受到损害的时候,就会有不能得到申诉和决定争论等种种“不方便”之处。通过社会契约所建立的“公民社会的目的原是为了避免并

① 见本书,第 3 页。

② 见本书,第 4 页。

补救自然状态的种种不方便”,[①]而所谓“公民社会”建成之后,个人的一切自然权利,如自由、平等,特别是财产权利,都仍然最后保留。政府,在洛克看来,便是这种财产权的保护者。“人们联合成为国家和置身于政府之下的重大的和主要的目的,是保护他们的财产;在这方面,自然状态有着许多缺陷。”[②]

第一,关于这一说法,我们试先分析一下其中所谓“自然状态”。有些资产阶级学者认为“自然状态”是人类远古历史生活的一个时代,他们追怀那种生活状态,主张“回到”自然。又有些人把“自然状态”了解为未来的社会,他们想望那种情况,便主张“走向”自然。如上所述,历史科学否认了:曾经在人类历史上有过资产阶级所描绘的那种“自然状态”存在。社会发展的规律也揭示了:在未来,也不会有那种状态的生活。

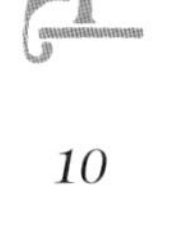

洛克所描绘的“自然状态”虽然是反历史的,然而它却自有其历史背景和阶级目的。英国资产阶级在发动革命之前的地位,尽管不完全同于法国革命前“第三等级”的地位,亦即西耶士(1748—1836)所谓“什么也不是”[③]的没有权利、没有自由和平等的地位,但他们只是程度上的不同。他们在最根本的一点上是一样的:他们都亟欲脱离在封建制度下的无权状态而建立自己的王国。洛克把自然状态描绘为自由、平等的世界,正是反映资产阶级渴望一个有利于工商业发展的和平安定的环境;洛克硬把私有财产权说成是天赋权利,正是企图用私有制的悠久历史来论证资本主义所有

① 见本书,第54页。

② 见本书,第77页。

③ 见西耶士的《什么是第三等级》一书卷首,意谓:第三等级的地位极不重要。

制的永恒性。洛克把自然状态说成为：缺乏一个公共裁判者、以致使一切权利得不到保障的情况，正是为了强调建立一个足以保护资产阶级各种权利的国家政权的必要性。反之，不合乎这些条件的社会秩序，如封建社会，就显然是违反自然、不合理性的了。可见，洛克关于自然状态的假说，既反映了资产阶级的积极要求，也从反面抨击了封建制度。

第二，我们再略谈"自然法"。借助"自然"来论证政治上的主张本是由来已久了的。"自然"在阶级斗争的历史中是一个没有固定个性的角色。在古希腊奴隶制社会，它同时为两个敌对的阶级服务。公元前五世纪的安提丰用它来论证奴隶主国家的不合理，[①]而亚里士多德则说不加入城市国家的人是违反了"自然"法则的。[②] 中世纪的神学家又把自然法置诸神法之下，使它为教权服务。[③] 到了十六世纪尼德兰资产阶级革命时期，格老秀斯（1583—1645）首先用"人性"、"理性"来阐释"自然法"。[④] 洛克在这一问题上，也同其他资产阶级思想家一样，继承了格老秀斯的解释。那就是说，合乎"人性"和"理性"的制度就是合乎自然法的制度。

在洛克看来，财产是合乎自然法的，也是合乎"人性"的。因为人们还在"自然状态"中的时候就有了财产。财产既是保持生命的必要手段，保护财产就合乎自然法，亦即合乎"理性"。

在这里，就发生究竟是什么"人"的"性"和"理性"的问题，而这

① 见其《论真理》残篇。

② 大意见其《政治论》第一章。

③ 如托马斯·阿奎那。

④ 见其《战争与和平法》一书。

则要看是什么社会性质的财产。

第三,洛克所说的“政府的主要目的是保护财产”这句话中的“政府”是指资产阶级的国家机关,“财产”是指资产阶级的私有财产。在《论财产》一章中,当洛克用“加进自己的劳动”的东西来界定财产的时候,他似乎暗示一种劳动财产说;但是他却又认为:“我的仆人所割的草皮”也是“我的财产”。这就等于承认雇佣劳动的生产品也算是雇主的财产;同时也就必然地承认了资本主义“剥削”的合理性。这种看法显然是以资本主义工场手工业的发展为背景的。

洛克又说,凡是自己加入劳动的东西,“能用多少就用多少”,这是他的财产权利。倘使“在他未消费之前,果子腐烂或者鹿肉败坏”了,那就不是他“特有的权利”并且是不被允许的了。然而,只要不是败坏,他既可以把它们换成金、银或钻石,也可以用货币、“勤劳”、“发明和技能”去“扩大”他的财产。这就显然是一个把资本主义的经营视为正义的人对于资本主义的生产和交换过程的描述了。因此,从洛克对于财产的见解来看,他所认为政府应予保护的财产正是资本主义工商业者的财产。

此外,洛克说在自然状态中人们就有财产权,政府成立后便必须保护它,而不能侵犯这种权利。他又具体地主张,政府未经全体人民或人民的代表即议会同意,就不能征税。这也正是在为资产阶级当时刚刚取得的经济上的保障进行辩护。在革命时期,作为主要纳税者的资产阶级,反对政府以不合宪法的手段来增税。查理一世时期的重大政治纠纷都是关于同资产阶级在财政上打交道的。到了 1689 年资产阶级强迫新的国王威廉三世签署的限制王权的《权利法案》，其中就明白地规定：一切捐税的征收，必须由议会来决定。

由此可见，洛克所谓保护财产合乎"人性"和"理性"的说法，实质上只是合乎资产阶级的阶级性，因为只有资产阶级才要求维护资本主义私有财产。

由此也可见，尽管洛克所用的"自然状态"、"社会契约"、"自然法"、"自然权利"是一些反历史的和唯心的前提和假设，可是他的"政府的目的是保护财产"却是一个具有现实意义的结论。

四

要保护资产阶级的私有财产，什么形式的政府最适合呢？洛克的回答是：由民选的议会掌握最高权力的政府。

洛克像其他政治思想家一样，也把国家政权的组织形式分为三种：君主制、寡头制和民主制。他反对无限权力的君主制，并非因为它不是一种"好的"制度，而是认为：它"完全不可能是公民政府的一种形式"。[①] 为什么呢？因为自然状态和公民社会的不同，就是因为后者有一个当每个人受到侵害的时候可以向他申诉的"裁判者"，而前者则缺乏这样一个裁判者。由于专制君主与他治下的人民之间也没有这样一个裁判者，所以他同他的人民"也是处在自然状态中"。[②] 在这里，洛克的方法是演绎的，但他却把这问

① 见本书，第 54 页。

② 见本书，第 55 页。

题提得很尖锐。假如承认了它的大前提,这个说法不但驳斥了菲尔麦,也难住了霍布斯。如果我们认识到国家政权的形式与国家政权的阶级实质的不可分性,我们就会恍然大悟洛克何以对于专制君主政府采取那么深恶痛绝的态度了:专制君主制是与封建阶级统治分不开的。作为资产阶级辉格党的理论家,洛克当然是要坚决反对专制君主制度的。

但立宪君主制却与专制君主制大不相同。后者虽有君主,却是“虚君”,实质上是由议会掌握国家最高权力的制度。说到这里,便不能不涉及“分权”的问题。洛克认为一个国家有三种权力:立法权、行政权和对外权。立法权是制定和公布法律的权力,行政权是执行法律的权力,而对外权则是与外交有关的宣战、媾和和订约等权力。洛克认为:以上每种权力都应该由一个特殊的机关来掌握。在立宪君主制或议会主权的国家中,立法权是应该由民选的议会掌握的。“立法权不仅是国家的最高权力,而且当共同体一旦交给某些人时,它便是神圣的和不可变更的;如果没有经公众所选举和委派的立法机关的批准,任何人的任何命令,无论采取什么形式或以任何权力做后盾,都不能具有法律效力和强制性。”[①]

远在古希腊就有了类似分权的讨论。柏拉图(公元前427—前347)在《理想国》中所讲的“混合国家”,[②]后来亚里士多德在《政治论》中论以中等阶层来衡平寡头和贫民势力的温和民主制,都与分权问题有关。更明显的议论当然是波里比阿(公元前204—

① 见本书,第83页。

② 见其《理想国》一书。

前 122)，他在《罗马史》中所讲的制约和均衡以及分权的理论，同资产阶级的分权说有比较直接一些的关系。孟德斯鸠(1689—1755)的分权学说一方面来自他本人对英国制度的观察，另一方面却也不无洛克分权理论的影响。

如果分权学说是说整个国家的各个阶级(不分剥削、统治和被剥削、被统治阶级)都分到了三权中之某一权，那当然是骗人的谎言。因为国家自始就是统治阶级压迫被统治阶级的机器。可是，这却不是否定：在历史的某一转折阶段上，因为统治阶级不止是一个阶级而是两个阶级，他们就暂时共同来统治，从而也就可以相对地分一下工。孟德斯鸠就正是在法国资产阶级革命之前，主张第三等级中的上层分子(即资产阶级)应该参加统治的。在当时，这一主张是有进步意义的。

洛克是在英国资产阶级革命结束的时候主张分权，这是同当时阶级力量的对比密切联系着的。当时英国虽然资产阶级掌握了政权，然而封建势力仍然不小，结果形成了 1688 年的阶级妥协。英国资产阶级曾经一度成立“共和国”，但最后终于采取了“君主立宪”制度：把国王相对地变成“虚君”并逐步取消他的封建权力。1689 年开始的一系列改革法案，就是为了取消封建王权的具体措施。洛克的分权学说，一方面同这些削减和限制王权的具体措施的目的是完全一致的；另一方面也正是在为资产阶级议会掌握国家的最高权力辩护。

洛克曾说，掌握国家最高权力的议会是“由民选的”。洛克在这里虽然提到了人民选举，但我们却没有理由假定他会赞成一种比较民主的选举权利。在这一点上，洛克显然同革命期中代表小资产阶级利益、要求把选举权扩大到小资产阶级的平等派是有区别的。实际上洛克所辩护的是当时包括中上层资产阶级和地主的议会。正因为议会中还有封建地主参加,所以洛克的议会主权说的某些方面,在创说伊始,是带有抵御封建权力对资产阶级利益侵害的作用的。例如,虽然洛克肯定主权是国家的最高权力,但他却又说主权对"人民的生命、财产不是,也不可能是绝对地专断的";它不能"以临时的任意命令来进行统治,而必须以颁布的、经常有效的法律"①来统治人民。至于"最高权力,未经本人同意,不能取去他的财产的任何部分"这类主张,则是以统治阶级内部在议会中的力量对比,即代表地主阶级的托利党同代表资产阶级的辉格党的力量对比为背景的。代表新兴工商业资产阶级的辉格党当时还没有把握在议会中保持稳定的多数地位,所以为了更严密地保障他们的经济利益,洛克又在议会主权之外,加上了财产所有者"本人同意"这种限制,来防止封建贵族势力对资产阶级可能的侵害。

然而,就英国当时的革命形势而言,洛克的议会主权学说还有反对代表劳动人民群众要求把革命进一步深化的意义。掘土派的领袖温斯坦莱主张取消私有制,固然是超出了资产阶级学者洛克的"狭隘"眼界,就是平等派要求通过选举允许小所有者进入议会的主张,也同洛克积不相能。洛克不会忘记:革命时代人民力量的强大和活跃,即在1658年克伦威尔死后的时期,各种民主团体和四十年代的民主主义残存分子(独立派的共和主义者,特别是平等

① 见本书,第85页。

派），也又在伦敦活动起来。他们恢复了集会，出版宣传自己主张的小册子，散发革命时代印刷的旧作品，其中有的甚至准备举行武装起义。正因为这样，洛克的议会主权学说也就不能不含有资产阶级独揽“最高权力”、排斥人民主权①的意义。

证据就在于洛克所谓“大多数”。洛克说：“……当某些人基于每人的同意组成一个共同体时，他们就因此把这个共同体形成一个整体，具有作为一个整体而行动的权力，而这是只有经大多数人的同意和决定才能办到的。……人人都应根据这一同意而受大多数人的约束。”②体现这“大多数人的同意和决定”的机构就是立法机关。由于洛克并不是、也不可能是一个普选制的主张者，则这个所谓“大多数人”实际上就是当时资产阶级和新贵族以及一部分封建贵族——这些人，毫无疑问的是当时英国社会的少数人而非“大多数人”。因而这个实质上代表少数人而号称“大多数人”的议会主权就不可能是人民主权。这样一个占人口中少数人的统治阶级，对于来自广大人民对他们“财产权”的威胁，自然是不能不提防的。

从这方面来看，洛克议会主权学说的局限性就很明显了：它是作为少数人的剥削阶级掌握国家最高权力的理论，而不是人民掌握最高权力的理论。

但是洛克的另外一些说法又如何解释呢？例如，洛克认为：立

① 资产阶级学者自己也说：“人民，根据洛克的学说，具有‘最高的权力’，但这并不是人民主权。”见高夫（J. W. Gough）的《约翰·洛克的政治哲学》，牛津大学出版部，1950年版，第132页。

② 见本书，第59页。

法权是“委托权力”，“只有人民才能通过组成立法机关和指定由谁来行使立法权。”①“当人民发现立法行为与他们的委托相抵触时，人民方面仍然享有最高的权力来罢免或更换立法机关。”②二十世纪的资产阶级学者指出：这是人民具有政治主权这一学说的渊源。戴雪（1835—1922）在他的《英国宪法》一书中首先提出“政治主权”一词，并用这一概念来解决“法律主权”所不能解释的困难。他说议会虽然“万能”和“至高无上”，却是从法律观点讲的；就政治观点讲，最后的主权仍在于“选民”或人民的“舆论”。由于资产阶级对选举的种种限制，由于他们用新闻、广播来控制和歪曲事实的真相，在二十世纪的资本主义国家中，议员们固然不可能是人民的代表，舆论固然不可能是人民的公论，在十七世纪末年的占英国人口大多数的英国劳动人民，也绝不可能在当时的议会中有代表，从而也就不能认为他们具有“最高权力”。可见洛克这一说法同戴雪的说法一样，事实上是对于一个具有虚伪性的学说再加上一个欺骗性的补充。

五

以上简略地说明了十七世纪英国资产阶级革命的过程和革命的意义，革命期间英国思想战线上的一般情况，和洛克政治思想的主要内容及其当时所担负的历史任务。

① 见本书，第89页。

② 见本书，第94页。

英国通过1640—1649年的内战，把革命推上了高峰，然而此后又大幅度地低落，经过专制王朝的复辟，最后才稳定在1688年的所谓“光荣革命”的阶级妥协局面上。[①]

英国的资产阶级革命之所以以这次阶级妥协告终，是受英国社会发展的历史特点决定的。英国的封建社会还没有发展到最充分、最成熟的阶段，资本主义因素就已经在英国生长起来，封建地主也已经开始资产阶级化。因而英国的资产阶级革命同法国十八世纪的资产阶级革命相比，就多少带有先天不足的缺陷。英国资产阶级没有积蓄起像法国资产阶级那样巨大的冲击力量，没有法国资产阶级那么强大，这就使英国的革命在深度和广度上都不如法国革命。英国革命之不得不以资产阶级和土地贵族的妥协告终，正是反映了当时英国阶级力量对比的实际情况。

然而就从其根本性质来说，这次英国革命（尽管不彻底）终究还是一次具有世界意义的摧毁封建制度的资产阶级革命。对于洛克，我们应该肯定他具有进步性。首先，在国家起源问题上，洛克阐释了一种世俗的国家起源说，反对君权神授的主张；其次，洛克提出议会主权，主张置国王于议会控制之下的立宪君主制，反对绝对君主制；再次，洛克直率地提出政府的目的就是为了保护私有财产，力争资产阶级的利益，为资本主义的发展扫除障碍；最后，洛克又呼吁宗教容忍、信教自由，等等。这些理论在当时都是打击封建制度促进资本主义经济和文化的发展的。

但是，同其他资产阶级思想家一样，洛克的政治思想也表现了

① 参看恩格斯：《社会主义从空想到科学的发展》，英文本导言。

很大的历史局限性和阶级局限性。姑无论自然法学说和社会契约说本身就是一种反历史的和反科学的唯心主义的臆造，他的议会主权说也不过是为资产阶级专政所作的辩护。洛克理想的议会乃是由资产阶级把持的议会，根本谈不到真正的人民主权的问题。正如马克思在《政治经济学批判》中所说，洛克在经济学说方面是一切形式的资产阶级的代表，所以他的政治思想也必然是要为资产阶级的政权辩护的。

1963年12月，北京

目　　录

第一章

1. 上篇[①]已经阐明：

第一，亚当并不基于父亲身份的自然权利或上帝的明白赐予，享有对于他的儿女的那种权威或对于世界的统辖权，如同有人所主张的。

第二，即使他享有这种权力，他的继承人并无权利享有这种权力。

第三，即使他的继承人们享有这种权力，但是由于没有自然法，也没有上帝的明文法，来确定在任何场合谁是合法继承人，就无从确定继承权因而也无从确定应该由谁来掌握统治权。

第四，即使这也已被确定，但是谁是亚当的长房后嗣，早已绝对无从查考，这就使人类各种族和世界上各家族之中，没有哪个比别的更能自称是最长的嫡裔，而享有继承的权利。

所有这些前提，我认为既已交代清楚，那么，现在世界上的统治者要想从以亚当的个人统辖权和父权为一切权力的根源的说法中得到任何好处，或从中取得丝毫权威，就成为不可能了。所以，

① 洛克在这里所称“上篇”，系指《政府论两篇》的第一篇，《论某些错误的原理》。在这一篇论文中，洛克集中地对罗伯特·菲尔麦爵士（Sir Robert Filmer）所主张的君权神授学说加以驳斥。——译者注

无论是谁,只要他举不出正当理由来设想,世界上的一切政府都只是强力和暴力的产物,人们生活在一起乃是服从弱肉强食的野兽的法则,而不是服从其他法则,从而奠定了永久混乱、祸患、暴动、骚扰和叛乱(凡此都是赞同那一假设的人们所大声疾呼地反对的事情)的基础,他就必须在罗伯特·菲尔麦爵士[①]的说法之外,寻求另一种关于政府的产生、关于政治权力的起源和关于用来安排和明确谁享有这种权力的方法的说法。

2. 为此目的,我提出我认为什么是政治权力的意见,我想这样做不会是不适当的。我认为官长对于臣民的权力,同父亲对于儿女的权力、主人对于仆役的权力、丈夫对于妻子的权力和贵族对于奴隶的权力,是可以有所区别的。由于这些不同的权力有时集中在同一个人身上,如果我们在这些不同的关系下对他考究的话,这就可以帮助我们分清这些权力彼此之间的区别,说明一国的统治者、一家的父亲和一船的船长之间的不同。

3. 因此,我认为政治权力就是为了规定和保护财产而制定法律的权利,判处死刑和一切较轻处分的权利,以及使用共同体的力量来执行这些法律和保卫国家不受外来侵害的权利;而这一切都只是为了公众福利。

① 罗伯特·菲尔麦爵士(Sir Robert Filmer,? —1653)是十七世纪英国的绝对君主制的热烈拥护者,他在其主要著作《父权制,或国王的自然权力》(*Patriarcha, or The Natural Power of Kings*, 1680 年出版)一书中,极力鼓吹君权神授学说。洛克以《政府论两篇》的第一篇,逐点批判了他的这一学说。——译者注

第二章　论自然状态

4. 为了正确地了解政治权力，并追溯它的起源，我们必须考究人类原来自然地处在什么状态。那是一种完备无缺的自由状态，他们在自然法的范围内，按照他们认为合适的办法，决定他们的行动和处理他们的财产和人身，而无须得到任何人的许可或听命于任何人的意志。

这也是一种平等的状态，在这种状态中，一切权力和管辖权都是相互的，没有一个人享有多于别人的权力。极为明显，同种和同等的人们既毫无差别地生来就享有自然的一切同样的有利条件，能够运用相同的身心能力，就应该人人平等，不存在从属或受制关系，除非他们全体的主宰以某种方式昭示他的意志，将一人置于另一人之上，并以明确的委任赋予他以不容怀疑的统辖权和主权。

5. 明智的胡克尔[①]认为人类基于自然的平等是既明显又不容置疑的，因而把它作为人类互爱义务的基础，并在这个基础之上建立人们相互之间应有的种种义务，从而引申出正义和仁爱的重要准则。他的原话是：

---

① 胡克尔(Richard Hooker，1553—1600)，英国神学家，著有《宗教政治的法律》(*Laws of Ecclesiastical Polity*)一书，洛克在好几处引证胡克尔在这一著作中的论点，来支持他的一些主张。——译者注

“相同的自然动机使人们知道有爱人和爱己的同样的责任;因为,既然看到相等的事物必须使用同一的尺度,如果我想得到好处,甚至想从每个人手中得到任何人所希望得到的那么多,则除非我设法满足无疑地也为本性相同的他人所有的同样的要求,我如何能希望我的任何部分的要求得到满足呢?如果给人们以与此种要求相反的东西,一定会在各方面使他们不快,如同我在这种情况下也会不快一般。所以如果我为害他人,我只有期待惩罚,因为并无理由要别人对我比我对他们表现更多的爱心。因此,如果我要求本性与我相同的人们尽量爱我,我便负有一种自然的义务对他们充分地具有相同的爱心。从我们和与我们相同的他们之间的平等关系上,自然理性引申出了若干人所共知的、指导生活的规则和教义。”(《宗教政治》,第一卷)

6. 虽然这是自由的状态,却不是放任的状态。在这状态中,虽然人具有处理他的人身或财产的无限自由,但是他并没有毁灭自身或他所占有的任何生物的自由,除非有一种比单纯地保存它来得更高贵的用处要求将它毁灭。自然状态有一种为人人所应遵守的自然法对它起着支配作用;而理性,也就是自然法,教导着有意遵从理性的全人类:人们既然都是平等和独立的,任何人就不得侵害他人的生命、健康、自由或财产。因为既然人们都是全能和无限智慧的创世主的创造物,既然都是惟一的最高主宰的仆人,奉他的命令来到这个世界,从事于他的事务,他们就是他的财产,是他的创造物,他要他们存在多久就存在多久,而不由他们彼此之间作主;我们既赋有同样的能力,在同一自然社会内共享一切,就不能设想我们之间有任何从属关系,可使我们有权彼此毁灭,好像我们生来是为彼此利用的，如同低等动物生来是供我们利用一样。正因为每一个人必须保存自己，不能擅自改变他的地位，所以基于同样理由，当他保存自身不成问题时，他就应该尽其所能保存其余的人类，而除非为了惩罚一个罪犯，不应该夺去或损害另一个人的生命以及一切有助于保存另一个人的生命、自由、健康、肢体或物品的事物。

7. 为了约束所有的人不侵犯他人的权利、不互相伤害，使大家都遵守旨在维护和平和保卫全人类的自然法，自然法便在那种状态下交给每一个人去执行，使每人都有权惩罚违反自然法的人，以制止违反自然法为度。自然法和世界上有关人类的一切其他法律一样，如果在自然状态中没有人拥有执行自然法的权力，以保护无辜和约束罪犯，那么自然法就毫无用处了。而如果有人在自然状态中可以惩罚他人所犯的任何罪恶，那么人人就都可以这样做。因为，在那种完全平等的状态中，根据自然，没有人享有高于别人的地位或对于别人享有管辖权，所以任何人在执行自然法的时候所能做的事情，人人都必须有权去做。

8. 因此，在自然状态中，一个人就是这样地得到支配另一个人的权力的。但当他抓住一个罪犯时，却没有绝对或任意的权力，按照感情冲动或放纵不羁的意志来加以处置，而只能根据冷静的理性和良心的指示，比照他所犯的罪行，对他施以惩处，尽量起到纠正和禁止的作用。因为纠正和禁止是一个人可以合法地伤害另一个人、即我们称之为惩罚的惟一理由。罪犯在触犯自然法时，已是表明自己按照理性和公道之外的规则生活，而理性和公道的规则正是上帝为人类的相互安全所设置的人类行为的尺度，所以谁玩忽和破坏了保障人类不受损害和暴力的约束,谁就对于人类是危险的。这既是对全人类的侵犯,对自然法所规定的全人类和平和安全的侵犯,因此,人人基于他所享有的保障一般人类的权利,就有权制止或在必要时毁灭所有对他们有害的东西,就可以给与触犯自然法的人以那种能促使其悔改的不幸遭遇,从而使他并通过他的榜样使其他人不敢再犯同样的毛病。在这种情况下并在这个根据上,人人都享有惩罚罪犯和充当自然法的执行人的权利。

9. 我并不怀疑这对于某些人似乎是一种很怪的学说。但是我要求他们在非难这一学说之前,先为我解释:基于什么权利,任何君主或国家对一个外国人在他们的国家中犯了任何罪行可以处以死刑或加以惩罚。可以肯定,他们的通过立法机关所公布的决定才获得效力的法律,并不及于一个外国人:它们不是针对他而定的,而即使是针对他的,他也没有受约束的义务。对该国臣民产生约束力的立法权,对他却是无效的。那些在英国、法国、荷兰享有制定法律的最高权力的人们,对一个印第安人来说,仅和世界上其余的人一样是没有权威的人们。由此可见,如果基于自然法,每一个人并不享有对于触犯自然法的行为加以惩罚的权力,尽管根据他的清醒的判断认为有此必要,我就不能理解任何社会的官长怎样能处罚属于另一国家的外国人,因为,就他而言,他们所享有的权力并不多于每一个人基于自然对于另一个人可以享有的权力。

10. 构成罪行的,是违法和不符合正当理性规则的行为,一个人因此堕落,并宣布自己抛弃人性的原则而成为有害的人,除此以外,通常还有对某一个人所施的侵害,以及另一个人由于他的犯罪而受到损害。在这种情况下,受到任何损害的人,除与别人共同享有的处罚权之外，还享有要犯罪人赔偿损失的特殊权利。认为这样做是公道的其他任何人，也可以会同受害人，协助他向犯罪人取得相应的损害赔偿。

11. 从这两种不同的权利——一种是人人所享有的旨在制止相类罪行而惩罚犯罪行为的权利；另一种是只属于受到损害的一方的要求赔偿的权利——产生这样的情况，即法官基于作为法官而掌握共同的惩罚权利，往往能够在公众福利要求不执行法律的场合，根据他自己的职权免除对犯罪行为的惩罚，但却不能使受到损害的任何私人放弃应得的损害赔偿。受害人有以自己的名义提出要求的权利，只有他自己才能放弃这种权利。受害人基于自卫的权利，拥有将罪犯的物品或劳役取为己用的权力，正如人人基于保卫全人类并为此作出一切合理行动的权利，拥有惩罚罪行并防止罪行的再度发生的权力一样。因此，在自然状态中，人人都有处死一个杀人犯的权力，以杀一儆百来制止他人犯同样的无法补偿的损害行为，同时也是为了保障人们不受罪犯的侵犯，这个罪犯既已绝灭理性——上帝赐给人类的共同准则——以他对另一个人所施加的不义暴力和残杀而向全人类宣战，因而可以当作狮子或老虎加以毁灭，当作人类不能与之共处和不能有安全保障的一种野兽加以毁灭。“谁使人流血的，人亦必使他流血”，这一重要的自然法就是以上述的情况为根据的。该隐深信无疑，人人享有毁灭这种罪犯的权利，所以在他杀死兄弟之后喊道，“凡遇见我的必杀我”；这是早就那样明白地镂铭人心的。

12. 基于同样理由，在自然状态中，一个人可以处罚违反自然法的较轻情况。也许有人会问，是否处以死刑？我的回答是，处罚

每一种犯罪的程度和轻重,以是否足以使罪犯觉得不值得犯罪,使他知道悔悟,并且儆戒别人不犯同样的罪行而定。在自然状态中能够发生的罪行,也可以在一个国家中,如同在自然状态中,同样地和同等程度地受到惩罚。虽然我不准备在这里论及自然法的细节或它的惩罚标准,但是可以肯定,确有这种法的存在,而且对于一个有理性的人和自然法的研究者来说,它像各国的明文法一样可以理解和浅显,甚至可能还要浅显些,正如比起人们追求用文字表达的矛盾的和隐藏的利益时所作的幻想和错综复杂的机谋来,合理的议论更易为人所了解。各国大部分国内法确是这样,这些法律只有以自然法为根据时才是公正的,它们的规定和解释必须以自然法为根据。

13. 对于这一奇怪的学说——即认为在自然状态中,人人都拥有执行自然法的权力——我相信总会有人提出反对:人们充当自己案件的裁判者是不合理的,自私会使人们偏袒自己和他们的朋友,而在另一方面,心地不良、感情用事和报复心理都会使他们过分地惩罚别人,结果只会发生混乱和无秩序;所以上帝确曾用政府来约束人们的偏私和暴力。我也可以承认,公民政府是针对自然状态的种种不方便情况而设置的正当救济办法。人们充当自己案件的裁判者,这方面的不利之处确实很大,因为我们很容易设想,一个加害自己兄弟的不义之徒就不会那样有正义感来宣告自己有罪。但是,我要提出异议的人们记住,专制君主也不过是人;如果设置政府是为了补救由于人们充当自己案件的裁判者而必然产生的弊害,因而自然状态是难以忍受的,那么我愿意知道,如果一个统御众人的人享有充当自己案件的裁判者的自由,可以任意处置他的一切臣民，任何人不享有过问或控制那些凭个人好恶办事的人的丝毫自由，而不论他所做的事情是由理性、错误或情感所支配，臣民都必须加以服从，那是什么样的一种政府，它比自然状态究竟好多少？在自然状态中，情况要好得多，在那里，人们不必服从另一个人的不法的意志；如果裁判者在他自己或其他的案件中作了错误的裁判，他就要对其余的人类负责。

14. 往往有人当作一个重大的反对论点而提出这样的问题：现在哪里有或曾经有过处在这种自然状态中的人呢？对于这个问题，目前这样来回答就够了：全世界的独立政府的一切统治者和君主既然都是处在自然状态中，那就很明显，不论过去或将来，世界上都不会没有一些处在那种状态中的人的。我指的是独立社会的一切统治者，无论他们是否同别人联合。因为并非每一个契约都起终止人们之间的自然状态的作用，而只有彼此相约加入同一社会，从而构成一个国家的契约才起这一作用；人类可以相互订立其他协议和合约，而仍然处在自然状态中。两个人在荒芜不毛的岛上，如同加西拉梭[①]在他的秘鲁历史中所提到的，或一个瑞士人和一个印第安人在美洲森林中所订立的交换协议和契约，对于他们是有约束力的，尽管他们彼此之间完全处在自然状态中。因为诚实和守信是属于作为人而不是作为社会成员的人们的品质。

15. 对于那些认为人类从未处在自然状态中的人们，我首先要引证明智的胡克尔在《宗教政治》第一卷第十节中所说的话：“上

① 加西拉梭（Garcilaso de la Vega，1535—1616）著有关于秘鲁的历史。他的父亲是西班牙人，母亲是秘鲁人。——译者注

述的法则”——即自然法——“对于人类来说,甚至在他们以若干个人的面目出现时,也是有绝对约束力的,尽管他们从无任何固定的组织,彼此之间也从无关于应该做什么或不应该做什么的庄严协定。但是既然我们不能单独由自己充分供应我们天性所要求的生活、即适于人的尊严的生活所必需的物资,因而为了弥补我们在单独生活时必然产生的缺点和缺陷,我们自然地想要去和他人群居并营共同生活,这是人们最初联合起来成为政治社会的原因。”我还进一步断言,所有的人自然地处于这种状态,在他们同意成为某种政治社会的成员以前,一直就是这样。我相信这篇论文的以后部分会把这点说得很明白。

第三章　论战争状态

16. 战争状态是一种敌对的和毁灭的状态。因此凡用语言或行动表示对另一个人的生命有沉着的、确定的企图，而不是出自一时的意气用事，他就使自己与他对其宣告这种意图的人处于战争状态。这样，他就把生命置于那人或协同那人进行防御和支持其斗争的任何人的权力之下，有丧失生命的危险。我享有毁灭那以毁灭来威胁我的东西的权利，这是合理和正当的。因为基于根本的自然法，人应该尽量地保卫自己，而如果不能保卫全体，则应优先保卫无辜的人的安全。一个人可以毁灭向他宣战或对他的生命怀有敌意的人。他可以这样做的理由就像他可以杀死一只豺狼或狮子一样。因为这种人不受共同的理性法则的约束，除强力和暴力的法则之外，没有其他法则，因此可以被当作猛兽看待，被当作危险和有害的动物看待，人只要落在它们的爪牙之内，就一定会遭到毁灭。

17. 因此，谁企图将另一个人置于自己的绝对权力之下，谁就同那人处于战争状态，这应被理解为对那人的生命有所企图的表示。因为，我有理由断定，凡是不经我同意将我置于其权力之下的人，在他已经得到了我以后，可以任意处置我，甚至也可以随意毁灭我。因为谁也不能希望把我置于他的绝对权力之下，除非是为了通过强力迫使我接受不利于我的自由权利的处境,也就是使我成为奴隶。免受这种强力的压制,是自我保存的惟一保障,而理性促使我把那想要夺去我的作为自保屏藩的自由的人,当作危害我的生存的敌人看待;因此凡是图谋奴役我的人,便使他自己同我处于战争状态。凡在自然状态中想夺去处在那个状态中的任何人的自由的人,必然被假设为具有夺去其他一切东西的企图,这是因为自由是其余一切的基础。同样地,凡在社会状态中想夺去那个社会或国家的人们的自由的人,也一定被假设为企图夺去他们的其他一切,并被看作处于战争状态。

18. 这就使一个人可以合法地杀死一个窃贼,尽管窃贼并未伤害他,也没有对他的生命表示任何企图,而只是使用强力把他置于他的掌握之下,以便夺去他的金钱或他所中意的东西。因为窃贼本无权利使用强力将我置于他的权力之下,不论他的借口是什么,所以我并无理由认为,那个想要夺去我的自由的人,在把我置于他的掌握之下以后,不会夺去我的其他一切东西。所以我可以合法地把他当作与我处于战争状态的人来对待,也就是说,如果我能够的话,就杀死他;无论是谁,只要他造成战争状态并且是这种状态中的侵犯者,就置身于这种危险的处境。

19. 这就是自然状态和战争状态的明显区别,尽管有些人[①]把它们混为一谈。它们之间的区别,正像和平、善意、互助和安全的状态和敌对、恶意、暴力和互相残杀的状态之间的区别那样迥不相

① 洛克在这里所指的是十七世纪英国哲学家霍布斯(Thomas Hobbes, 1588—1679),他认为人类当初所处的自然状态是一种战争状态。——译者注

同。人们受理性支配而生活在一起，不存在拥有对他们进行裁判的权力的人世间的共同尊长，他们正是处在自然状态中。但是，对另一个人的人身用强力或表示企图使用强力，而又不存在人世间可以向其诉请救助的共同尊长，这是战争状态。而正因为无处可以告诉，就使人有权利向一个侵犯者宣战，尽管他是社会的一分子和同是一国的臣民。因此，虽然我不能因为一个窃贼偷了我的全部财产而伤害他，我只能诉诸法律，但是，当他着手抢我的马或衣服的时候，我可以杀死他。这是因为，当为了保卫我而制定的法律不能对当时的强力加以干预以保障我的生命，而生命一经丧失就无法补偿时，我就可以进行自卫并享有战争的权利、即杀死侵犯者的自由，因为侵犯者不容许我有时间诉诸我们的共同的裁判者或法律的判决来救助一个无可补偿的损害。不存在具有权力的共同裁判者的情况使人们都处于自然状态；不基于权利以强力加诸别人，不论有无共同裁判者，都造成一种战争状态。

20. 但是强力一旦已停止使用，处在社会中的人们彼此间的战争状态便告终止，双方都同样地受法律的公正决定的支配，因为那时已有诉请处理过去伤害和防止将来危害的救济办法。但是如果没有明文法和可以向其诉请的具有权威的裁判者的救济，像在自然状态中那样，战争状态一经开始便仍然继续，无辜的一方无论何时只要有可能的话，享有毁灭另一方的权利，直到侵犯者提出和平的建议，并愿意进行和解为止，其所提的条件必须能赔偿其所作的任何损害和保障无辜一方的今后安全。不仅如此，纵然存在诉诸法律的手段和确定的裁判者，但是，由于公然的枉法行为和对法律的牵强歪曲，法律的救济遭到拒绝，不能用来保护或赔偿某些人或某一集团所作的暴行或损害，这就难以想象除掉战争状态以外还有别的什么情况。因为只要使用了暴力并且造成了伤害，尽管出于授权执行法律的人之手，也不论涂上了怎样的法律的名义、借口或形式的色彩，它仍是暴力和伤害。法律的目的是对受法律支配的一切人公正地运用法律，借以保护和救济无辜者；如果并未善意地真实做到这一点，就会有战争强加于受害者的身上，他们既不能在人间诉请补救，在这种情况下就只有一条救济的办法，诉诸上天。

21. 避免这种战争状态(在那里，除掉诉诸上天，没有其他告诉的手段，并且因为没有任何权威可以在争论者之间进行裁决，每一细小的纠纷都会这样终结)是人类组成社会和脱离自然状态的一个重要原因。因为如果人间有一种权威、一种权力，可以向其诉请救济，那么战争状态就不再继续存在，纠纷就可以由那个权力来裁决。假使当初人世间存在任何这样的法庭、任何上级裁判权来决定耶弗他和亚扪人之间的权利，他们决不致进入战争状态；但是我们看到他被迫而诉诸上天。他说："愿审判人的耶和华，今日在以色列人和亚扪人中间，判断是非"(《旧约》士师记，第十一章，第二十七节)，然后进行控诉并凭借他的诉请，他就率领军队投入战斗。因此在这种纠纷中，如果提出谁是裁判者的问题，这不能意味着，谁应对这一纠纷进行裁决。谁都知道，耶弗他在这里告诉我们的是，"审判人的耶和华"应当裁判。如果人世间没有裁判者，那么只能诉诸天上的上帝。因此那个问题不能意味着谁应当判断究竟别人有没有使自己与我处于战争状态，以及究竟我可否像耶弗他那样诉诸上天。关于这个问题，只有我自己的良心能够判断，因为在最后的审判日，我要对一切人的最高裁判者负责。

第四章　论奴役

22. 人的自然自由，就是不受人间任何上级权力的约束，不处在人们的意志或立法权之下，只以自然法作为他的准绳。处在社会中的人的自由，就是除经人们同意在国家内所建立的立法权以外，不受其他任何立法权的支配；除了立法机关根据对它的委托所制定的法律以外，不受任何意志的统辖或任何法律的约束。所以，自由并非像罗伯特·菲尔麦爵士所告诉我们的那样："各人乐意怎样做就怎样做，高兴怎样生活就怎样生活，而不受任何法律束缚的那种自由。"（《亚里士多德〈政治论〉评述》，第55页。）处在政府之下的人们的自由，应有长期有效的规则作为生活的准绳，这种规则为社会一切成员所共同遵守，并为社会所建立的立法机关所制定。这是在规则未加规定的一切事情上能按照我自己的意志去做的自由，而不受另一人的反复无常的、事前不知道的和武断的意志的支配；如同自然的自由是除了自然法以外不受其他约束那样。

23. 这种不受绝对的、任意的权力约束的自由，对于一个人的自我保卫是如此必要和有密切联系，以致他不能丧失它，除非连他的自卫手段和生命都一起丧失。因为一个人既然没有创造自己生命的能力，就不能用契约或通过同意把自己交由任何人奴役，或置身于别人的绝对的、任意的权力之下，任其夺去生命。谁都不能把多于自己所有的权力给予他人;凡是不能剥夺自己生命的人,就不能把支配自己生命的权力给予别人。诚然,当一个人由于过错,做了理应处死的行为而丧失了生命权的时候,他把生命丧失给谁,谁就可以(当谁已掌握他时)从缓夺去他的生命,利用他来为自己服役;这样做,对他并不造成损害。因为当他权衡奴役的痛苦超过了生命的价值时,他便有权以情愿一死来反抗他的主人的意志。

24. 这是最完全的奴役状况,它不外是合法征服者和被征服者之间的战争状态的继续。如果他们之间订立了契约,作出协议,使一方拥有有限的权力和另一方必须服从,那么在这一契约的有效期内,战争和奴役状态便告终止。因为正如上述,谁都不能以协定方式把自己所没有的东西、即支配自己的生命的权力,交给另一个人。

我承认,我们看到在犹太人中间,乃至于在其他民族中间,确有出卖自身的事情;但是很清楚,这仅是为了服劳役,而不是为了充当奴隶。因为很明显,被出卖的人并不处在一种绝对的、任意的专制权力之下。不论何时,主人并无杀死他的权力,而在一定的时候,必须解除他的服役,使他自由;这种奴仆的主人根本没有任意处置奴仆的生命的权力,因此不能随意伤害他,只要使他损失一只眼睛或一颗牙齿,就使他获得自由(《旧约》出埃及记,第二十一章)。

第五章　论财产

25. 不论我们就自然理性来说，人类一出生即享有生存权利，因而可以享用肉食和饮料以及自然所供应的以维持他们的生存的其他物品；或者就上帝的启示来说，上帝如何把世界上的东西给予亚当、给予挪亚和他的儿子们；这都很明显，正如大卫王所说（《旧约》诗篇第一百十五篇，第十六节），上帝"把地给了世人"，给人类共有。但即使假定这样，有人似乎还很难理解：怎能使任何人对任何东西享有财产权呢？我并不认为作如下的回答可以满意：如果说，根据上帝将世界给予亚当和他的后人为他们所共有的假设，难以理解财产权，那么，根据上帝将世界给予亚当和他的继承人并排斥亚当的其他后人这一假设，除了惟一的全世界君主之外，谁也不可能享有任何财产。可是我将设法说明，在上帝给予人类为人类所共有的东西之中，人们如何能使其中的某些部分成为他们的财产，并且这还不必经过全体世人的明确协议。

26. 上帝既将世界给予人类共有，亦给予他们以理性，让他们为了生活和便利的最大好处而加以利用。土地和其中的一切，都是给人们用来维持他们的生存和舒适生活的。土地上所有自然生产的果实和它所养活的兽类，既是自然自发地生产的，就都归人类所共有，而没有人对于这种处在自然状态中的东西原来就具有排斥其余人类的私人所有权；但是，这些既是给人类使用的，那就必然要通过某种拨归私用的方式，然后才能对于某一个人有用处或者有好处。野蛮的印第安人既不懂得圈用土地，还是无主土地的住户，就必须把养活他的鹿肉或果实变为己有，即变为他的一部分，而别人不能再对它享有任何权利，才能对维持他的生命有任何好处。

27. 土地和一切低等动物为一切人所共有，但是每人对他自己的人身享有一种所有权，除他以外任何人都没有这种权利。他的身体所从事的劳动和他的双手所进行的工作，我们可以说，是正当地属于他的。所以只要他使任何东西脱离自然所提供的和那个东西所处的状态，他就已经掺进他的劳动，在这上面参加他自己所有的某些东西，因而使它成为他的财产。既然是由他来使这件东西脱离自然所安排给它的一般状态，那么在这上面就由他的劳动加上了一些东西，从而排斥了其他人的共同权利。因为，既然劳动是劳动者的无可争议的所有物，那么对于这一有所增益的东西，除他以外就没有人能够享有权利，至少在还留有足够的同样好的东西给其他人所共有的情况下，事情就是如此。

28. 谁把橡树下拾得的橡实或树林的树上摘下的苹果果腹时，谁就确已把它们拨归己用。谁都不能否认，食物是完全应该由他消受的。因此我要问，这些东西从什么时候开始是属于他的呢？是在他消化的时候，还是在他吃的时候，还是他煮的时候，还是他把它们带回家的时候，还是他捡取它们的时候呢？很明显，如果最初的采集不使它们成为他的东西，其他的情形就更不可能了。劳动使它们同公共的东西有所区别，劳动在万物之母的自然所已完成的作业上面加上一些东西，这样它们就成为他的私有的权利了。谁会说，因为他不曾得到全人类的同意使橡实或苹果成为他的所有物，他就对于这种拨归私用的东西不享有权利呢？这样把属于全体共有的东西归属自己，是否是盗窃行为呢？如果这样的同意是必要的话，那么，尽管上帝给予人类很丰富的东西，人类早已饿死了。我们在以合约保持的共有关系中看到，那是从共有的东西中取出任何一部分并使它脱离自然所安置的状态，才开始有财产权的；若不是这样，共有的东西就毫无用处了。而取出这一或那一部分，并不取决于一切共有人的明白同意。因此我的马所吃的草、我的仆人所割的草皮以及我在同他人共同享有开采权的地方挖掘的矿石，都成为我的财产，无须任何人的让与或同意。我的劳动使它们脱离原来所处的共同状态，确定了我对于它们的财产权。

29. 如果规定任何人在把共有的东西的任何部分拨归私用的时候，必须得到每一个共有人的明确同意，那么孩子和仆人们就不能割取他们的父亲或主人为他们共同准备而没有指定各人应得部分的肉。虽然泉源的流水是人人有份的，但是谁能怀疑盛在水壶里的水是只属于汲水人的呢？他的劳动把它从自然手里取了出来，从而把它拨归私用，而当它还在自然手里时，它是共有的，是同等地属于所有的人的。

30. 因此，这一理性的法则使印第安人所杀死的鹿归他所有；尽管原来是人人所共同享有权利的东西，在有人对它施加劳动以后，就成为他的财物了。被认为是文明的一部分人类已经制定并且增订了一些明文法来确定财产权，但是这一关于原来共有的东西中产生财产权的原始的自然法仍旧适用。根据这一点，任何人在那广阔的,仍为人类所共有的海洋中所捕获的鱼或在那里采集的龙涎香,由于劳动使它脱离了自然原来给它安置的共同状态,就成为对此肯费劳力的人的财产。而即使在我们中间,无论是谁只要在围场时紧赶一只野兔,那只野兔就被认为是他的所有物。因为野兽仍被看做是共有的,不属任何人私有,只要有人对这类动物花费了这样多的劳动去发现并追赶它,他就使它脱离原来是共有的自然状态,而开始成为一种财产。

31. 有人或许会反对这种说法,认为如果采集橡实或其他土地生长的果实等等,就构成了对这些东西的权利,那么任何人可以按其意愿尽量占取。我的回答是,并非这样。同一自然法,以这种方式给我们财产权,同时也对这种财产加以限制。"上帝厚赐百物给我们享受"(《新约》提摩太前书,第六章,第十七节)是神的启示所证实的理性之声。但上帝是以什么限度给我们财产的呢?以供我们享用为度。谁能在一件东西败坏之前尽量用它来供生活所需,谁就可以在那个限度内以他的劳动在这件东西上确定他的财产权;超过这个限度就不是他的份所应得,就归他人所有。上帝创造的东西不是供人们糟蹋或败坏的。所以,考虑到在很长一段时期内,世界上天然物资丰富,消费者很少,一个人的勤劳所能达到的并对它独占而不让别人分享的一部分物资(特别是限于理性所规定的可以供他使用的范围)数量很小,那时对这样确定的财产大概就很少发生争执或纠纷。

32. 但是,尽管财产的主要对象现在不是土地所生产的果实和依靠土地而生存的野兽,而是包括和带有其余一切东西的土地本身,我认为很明显,土地的所有权也是和前者一样取得的。一个人能耕耘、播种、改良、栽培多少土地和能用多少土地的产品，这多少土地就是他的财产。这好像是他用他的劳动从公地圈来的那样。即使说旁人对此都有同等权利，所以如果没有取得他的全体共有人、即全人类的同意，他就不能拨归私用、不能圈用土地，这样的说法也不能使他的权利失效。上帝将世界给予全人类所共有时，也命令人们要从事劳动，而人的贫乏处境也需要他从事劳动。上帝和人的理性指示他垦殖土地，这就是说，为了生活需要而改良土地，从而把属于他的东西、即劳动施加于土地之上。谁服从了上帝的命令对土地的任何部分加以开拓、耕耘和播种，他就在上面增加了原来属于他所有的某种东西，这种所有物是旁人无权要求的，如果加以夺取，就不能不造成损害。

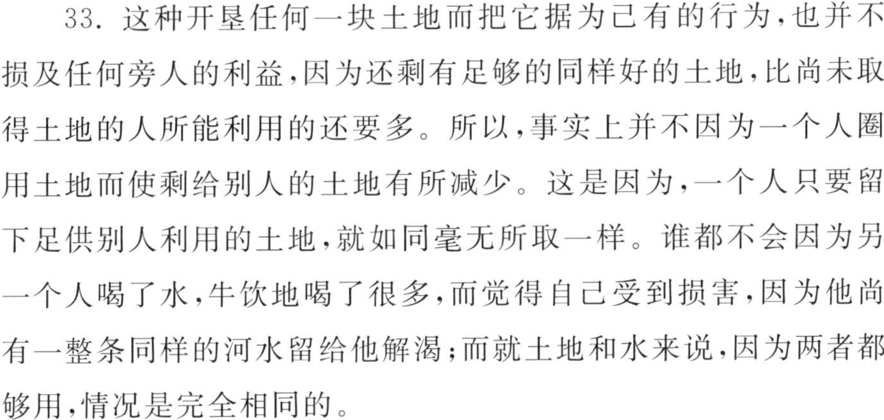

33. 这种开垦任何一块土地而把它据为己有的行为，也并不损及任何旁人的利益，因为还剩有足够的同样好的土地，比尚未取得土地的人所能利用的还要多。所以，事实上并不因为一个人圈用土地而使剩给别人的土地有所减少。这是因为，一个人只要留下足供别人利用的土地，就如同毫无所取一样。谁都不会因为另一个人喝了水，牛饮地喝了很多，而觉得自己受到损害，因为他尚有一整条同样的河水留给他解渴；而就土地和水来说，因为两者都够用，情况是完全相同的。

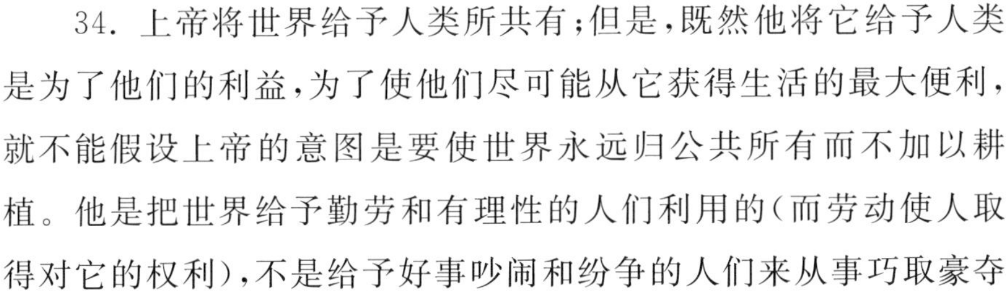

34. 上帝将世界给予人类所共有；但是，既然他将它给予人类是为了他们的利益，为了使他们尽可能从它获得生活的最大便利，就不能假设上帝的意图是要使世界永远归公共所有而不加以耕植。他是把世界给予勤劳和有理性的人们利用的（而劳动使人取得对它的权利），不是给予好事吵闹和纷争的人们来从事巧取豪夺

的。谁有同那已被占用的东西一样好的东西可供利用,他就无须抱怨,也不应该干预旁人业已用劳动改进的东西。如果他这样做,很明显,他是想白占人家劳动的便宜,而他并无权利这样做;他并不想要上帝所给予他和其他人共有以便在其上从事劳动的土地,而除了已被占有的以外,还剩有同样好的土地,而且比他知道如何利用或他的勤劳所能及的还要多。

35. 不错,在英国或任何其他有很多人民受其统治的国家,他们既有金钱又从事商业,但是对于那里的公有土地的任何部分,如果没有取得全体共有人的同意,没有人能够加以圈用或拨归私用;因为,这是契约、即国家的法律留给公有的,是不可侵犯的。这种土地虽然对于某些人是公有的,却并非对全人类都是这样;它是这个国家或这个教区的共有财产。而且,经这样圈用后所剩下的土地,对于其余的共有人来说不会同当初全部土地的情况一样,因为那时他们都能使用全部土地。至于人们开始和最早聚居在世界广大的土地上的时候,情况就不是那样。那时人们所受制的法律可以说是为了鼓励取得财产。上帝命令他而他的需要亦迫使他不得不从事劳动。那是他的财产,人们不能在他已经划定的地方把财产夺走。因此,开拓或耕种土地是同占有土地结合在一起的。前者给予后者以产权的根据。所以上帝命令人开拓土地,从而给人在这范围内将土地拨归私用的权力。而人类生活的条件既需要劳动和从事劳动的资料,就必然地导致私人占有。

36. 财产的幅度是自然根据人类的劳动和生活所需的范围而很好地规定的。没有任何人的劳动能够开拓一切土地或把一切土地划归私用;他的享用也顶多只能消耗一小部分;所以任何人都不可能在这种方式下侵犯另一个人的权利，或为自己取得一宗财产而损害他的邻人，因为他的邻人（在旁人已取出他的一份之后）仍然剩有同划归私用以前一样好和一样多的财产。在世界初期，人们在当时的旷野上所遭逢的离群即无法生活的危险，大于因缺少土地进行种植而感受的不便，在这个时候，这一幅度确将每个人的私有财产限制在适当的范围之内，使他可能占有的财产不致损害别人。世界现在似乎有人满之患，但是同样的限度仍可被采用而不损及任何人。试设想一个人或一个家族在亚当或挪亚的子孙们起初在世界上居住时的情况：让他在美洲内地的空旷地方进行种植，我们将看到他在我们所定的限度内划归自己私用的土地不会很大，甚至在今天，也不致损及其余的人类，以致他们有理由抱怨或认为由于那个人的侵占而受到损害，即使人类现今业已分布到世界的每一角落，无限地超过了最初的微小数目。加之，如果没有劳动，土地的多寡就只有很小的价值。我听说在西班牙就有这样的情况，一个人只要对土地加以利用，即使无其他权利，可以被允许耕耘、播种和收获，而不受他人干涉。相反地，居民们还认为他们得到了他的好处，因为他在未开垦的因而是荒芜的土地上所花费的劳动增加了他们所需要的粮食。但是不管怎样，这还不是我所要强调的。而我敢大胆地肯定说，假使不是由于货币的出现和人们默许同意赋予土地以一种价值，形成了（基于同意）较大的占有和对土地的权利，则这一所有权的法则，即每人能利用多少就可以占有多少，会仍然在世界上有效，而不使任何人感受困难，因为世界上尚有足够的土地供成倍居民的需要。关于货币所形成的情况，我将逐渐更充分地加以说明。

37. 这是可以肯定的,最初,人们的超过需要的占有欲改变了事物的真实价值,而这种价值是以事物对人的生活的功用而定的;或者,人们已经同意让一小块不会耗损又不会败坏的黄色金属值一大块肉或一大堆粮食,虽然人们基于他们的劳动,有权将他所能充分利用的自然界的东西划归自己私用,但是这不会是很多的,也不致损及别人,因为那时还剩有同样丰富的东西,留给肯花费同样勤劳的人们。关于这一点,我还要补充说,一个人基于他的劳动把土地划归私用,并不减少而是增加了人类的共同积累。因为一英亩被圈用和耕种的土地所生产的供应人类生活的产品,比一英亩同样肥沃而共有人任其荒芜不治的土地(说得特别保守些)要多收获十倍。所以那个圈用土地的人从十英亩土地上所得到的生活必需品,比从一百英亩放任自流的土地所得到的更要丰富,真可以说是他给了人类九十英亩土地:因为他的劳动现在从十英亩土地上供应了至少相当于从一百英亩土地上所生产的产品。我在这里把经过改良的土地的产量定得很低,把它的产品只定为十比一,而事实上是更接近于一百比一。我试问,在听其自然从未加以任何改良、栽培或耕种的美洲森林和未开垦的荒地上,一千英亩土地对于贫穷困苦的居民所提供的生活所需能否像在得文郡[①]的同样肥沃而栽培得很好的十英亩土地所出产的同样多呢?

在未把土地划归私用之前,谁尽其所能尽多采集野生果实,尽多杀死、捕捉或驯养野兽,谁以劳动对这些自然的天然产品花费力量来改变自然使它们所处的状态,谁就因此取得了对它们的所有

① 得文郡(Devonshire),英格兰西南部的一个郡名。——译者注

权。但是如果它们在他手里未经适当利用即告毁坏；在他未能消费以前果子腐烂或者鹿肉败坏，他就违反了自然的共同法则，就会受到惩处；他侵犯了他的邻人的应享部分，因为当这些东西超过他的必要用途和可能提供给他的生活需要的限度时，他就不再享有权利。

38．同样的限度也适用于土地的占有。凡是经过耕种、收获、贮存起来的东西，在败坏之前予以利用，那是他的特有权利。凡是圈入、加以饲养和利用的牲畜和产品也都是他的。但是，如果在他圈用范围内的草在地上腐烂，或者他所种植的果实因未被摘采和贮存而败坏，这块土地，尽管经他圈用，还是被看作是荒废的，可以为任何其他人所占有。所以在最初的时候，该隐可以取得尽他所能耕种的土地，作为他的土地，还可以留下足够的土地让亚伯放牧羊群；几英亩土地就够他们两人占用了。但是由于家庭增多，勤劳又扩大了他们的牲畜，他们的占有随着需要而增大。但是在他们尚未联合起来、共同定居和建成城市之前，他们所利用的土地还属于公有，并未确定任何财产权。后来，基于同意，他们就规定各人领地的界限，约定他们和邻人之间的地界，再以他们内部的法律，规定同一社会的人们的财产权。因为我们知道，在最初有人居住的那些地方，也大约是那时居民最多的所在，直到亚伯兰的时候，人们还是带着他们的牛羊群——这是他们的财产——自由地来往游牧；而亚伯兰是在他作为一个异乡人的地方游牧的。显而易见，在那里，至少大部分土地是公有的，居民们并不加以重视，也不在他们所利用的部分之外主张财产权。但是当同一地方不够供他们在一起放牧、饲养他们的羊群时，他们就基于同意，像亚伯兰和罗

得那样(《旧约》创世记,第十三章,第五节),分开和扩大他们的牧地,到对他们最合适的地方去。以扫也是以同样的理由离开他的父亲和兄弟,到西珥山去创家立业的(《旧约》创世记,第三十六章,第六节)。

39. 由此可见,我们不必假定亚当有对全世界的排斥一切其他人的个人所有权和财产权,因为这种权利既无法证明,又不能从中引申出任何人的财产权;而只要假定世界原来是给予人类子孙所共有,我们就能看到劳动怎样使人们对世界的若干小块土地,为了他们个人的用途,享有明确的产权,在这方面不可能有对权利的怀疑,亦不可能有争执的余地。

40. 劳动的财产权应该能够胜过土地的公有状态,这个说法在未经研讨之前也许会显得奇怪,其实不然。因为正是劳动使一切东西具有不同的价值。如果任何人考虑一下一英亩种植烟草或甘蔗、播种小麦或大麦的土地同一英亩公有的、未加任何垦殖的土地之间的差别,他就会知道劳动的改进作用造成价值的绝大部分。我认为,如果说在有利于人生的土地产品中,十分之九是劳动的结果,这不过是个极保守的计算。如果我们正确地把供我们使用的东西加以估计并计算有关它们的各项费用——哪些纯然是得自自然的,哪些是从劳动得来的——我们就会发现,在绝大多数的东西中,百分之九十九全然要归之于劳动。

41. 关于这一点,没有比美洲几个部落的情况更能作为明显的例证。这些部落土地富足而生活上的一切享受却是贫困的。自然对他们也同对任何其他民族一样,充分地提供了丰富的物资——那就是能生产丰富的供衣食享用之需的东西的肥沃土地——但是由于不用劳动去进行改进，他们没有我们所享受的需用品的百分之一。在那里，一个拥有广大肥沃土地的统治者，在衣食住方面还不如英国的一个粗工。

42. 为使这一点更为明朗化，我们只须研究几件日常生活用品在未供我们应用之前的若干进程，来察看它们的价值有多少是从人类的勤劳得来的。面包、酒和布匹是日常所需而数量很多的东西。然而，假使劳动不供给我们这些更有用的物品，我们的面包、饮料和衣服只能是橡实、水和树叶或兽皮。因为面包的价值高于橡实，酒的价值高于水，布匹或丝绸的价值高于树叶、兽皮或苔藓，这都完全是由劳动和勤劳得来的。一种是单靠自然供给我们的衣食；另一种是我们的血汗和勤劳为我们准备的物资。任何人只要计算一下后者的价值超过前者的程度，就会见到劳动所造成的占我们在世界上所享受的东西的价值中的绝大部分的情况。而生产这些资料的土地很难说占有价值的任何部分，至多只能说占极小的部分；其价值是如此之小，以致我们甚至把完全听其自然而未经放牧、耕种或栽培的土地名副其实地叫做荒地，并且我们会发现它的好处几乎是等于零。

这就表明人口众多比领土广阔还要好，改进土地和正当地利用土地是施政的重要艺术。一个君主，如能贤明如神，用既定的自由的法律来保护和鼓励人类的正当勤劳，反对权力的压制和党派的偏私，那很快就会使他的邻国感到压力。但是这个问题下文再谈。

再回到正在进行的论证。

43. 这里年产二十蒲式耳小麦的一英亩土地和在美洲的另一

英亩土地,倘用同样的耕作方法,可以获得相同的收成,它们无疑地具有相同的自然的固有价值。然而人类从这块土地上一年所得的好处为五英镑,而从那块土地上,假如一个印第安人所得的一切利益在这里估价出售的话,可能是一文不值;至少,我可以真诚地说,不到千分之一。可见,将绝大部分的价值加在土地上的是劳动,没有劳动就几乎分文不值。我们是靠劳动才得到土地的一切有用产品的最大部分的。因为一英亩小麦的麦秆、麸皮和面包的价值高于一英亩同样肥沃而荒芜的土地所出产的产品的价值,这一切都是劳动的结果。不仅犁地人所费的力气、收割人和打麦人的劳累和烤面包人的汗水,要算进我们所吃的面包里,就是那些训练耕牛,采掘、冶炼铁和矿石,砍伐并准备木材来制造犁、磨盘、烤炉或为数甚多的其他工具的人们的劳动,只要是这种粮食从播种到制成面包所必需的,都必须计算在劳动的账上,并承认它具有这样的效果。自然和土地只提供本身几乎没有价值的资料。每一块面包在供我们食用之前需要勤劳提供并使用的东西,假如我们能够追根求源的话,将是一张奇怪的物品清单——铁、树木、皮革、树皮、木材、石头、砖头、煤、石灰、布、染料、沥青、焦油、桅杆、绳索以及一切在船上应用的材料(船只运来了任何工人在工作的任何部分应用的任何物品),凡此种种,几乎不胜枚举,至少是过于冗长。

44. 由此可见,虽然自然的东西是给人共有的,然而人既是自己的主人,自身和自身行动或劳动的所有者,本身就还具有财产的基本基础。当发明和技能改善了生活的种种便利条件的时候,他用来维持自己的生存或享受的大部分东西完全是他自己的,并不与他人共有。

45. 所以，在最初，只要有人愿意对于原来共有的东西施加劳动，劳动就给与财产权；而在一个长时期内，绝大部分的东西依旧是共有的，至今它还是比人类所能利用的要多。人类初期，在绝大部分的情况下，满足于未经加工的、自然所供给他们的必需品。后来在世界的一些部分(那里由于人口和家畜的增多，以及货币的使用，土地不够了，因而有了一些价值)，有些社会确定了各自的地界，又以它们内部的法律规定了它们社会的私人财产，因而通过契约和协议确定了由劳动和勤劳所开创的财产——有些国家和王国之间通过缔结的盟约，明白地或者默认地放弃了对于为对方所占有的土地的一切要求和权利，从而根据共同的同意，放弃了它们对那些国家原有的、自然的公有权利的主张，于是明文的协议就在地球上的个别部分和地区确定了它们之间的财产权——虽然如此，还有大块的土地(那里的居民尚未同意和其余的人类一起使用他们的共同的货币)荒芜不治，比居住在上面的人们所能开垦或利用的还要多，所以它们还是公有的。不过这种情形，在已同意使用货币的那一部分人类中间，是极少会发生的。

46. 对人类生活实在有用的东西的最大部分，以及诸如世界的最初处于公有状态的人们所追求的生存必需品，如现在的美洲人所追求的那样，一般说来都是不能耐久的东西，如果不因有人利用而被消费掉，就会自行腐烂毁坏。金、银、钻石则由人们的爱好或协议给以比它们的实际用处和对生活之需的价值更高的价值。自然所供应给大家的那些好东西，如前面所说，每人都有能使用多少就拥有多少的权利，而对于他能以他的劳动予以影响的一切东西，他都享有财产权；凡是他的勤劳所及，以改变自然使其所处的原来状态的一切东西,都是属于他的。谁采集了一百蒲式耳橡实或苹果,谁就取得了对这些东西的财产权;它们一经采集便成为他的财物。他只要注意在它们未败坏以前加以使用,否则他就取了多于他的应得部分,就是掠夺了别人;的确,窖藏多于他能使用的东西是一件蠢事,也是一件不老实的事。假如他把一部分送给旁人,使它不致在他的占有下一无用处地毁坏掉,这也算是他把它利用了;又假如他把隔了一星期就会腐烂的梅子换取能保持一年供他吃用的干果,他就不曾损伤什么;只要没有东西在他手里一无用处地毁坏掉,他就不曾糟蹋公有的财物,就不曾毁坏属于其他人的东西的任何部分。又假如他愿意将他的干果换取一块其颜色为他所喜爱的金属,将他的绵羊换取一些贝壳,或将羊毛换取一块闪烁的卵石或一块钻石,由他终身加以收藏,他并不曾侵犯他人的权利。这些结实耐久的东西,他喜欢积聚多少都可以。超过他的正当财产的范围与否,不在于他占有多少,而在于是否有什么东西在他手里一无用处地毁坏掉。

47. 货币的使用就是这样流行起来的——这是一种人们可以保存而不至于损坏的能耐久的东西,他们基于相互同意,用它来交换真正有用但易于败坏的生活必需品。

48. 不同程度的勤劳会给人们以不同数量的财产,同样地,货币的这一发明给了他们以继续积累和扩大他们的财产的机会。假设有这么一个海岛,它和世界其余地区的一切可能的商业相隔绝,在岛上只有一百户人家,但拥有羊、马、奶牛和其他有用的动物,营养丰富的水果,以及能够生产足供千百倍那样多人吃的粮食的土地。但是岛上所有的东西,不是由于平凡就是由于脆弱易损,没有一样可以适合用作货币。在这种情况下，那里的任何人在家庭用途和供其消费的丰富供应之外，不论在他们勤劳所生产的东西方面或者和他人交换同样易于毁坏而有用的物品方面，还有什么理由要扩大他的财产呢？在任何地方，只要那里没有既耐久又稀少、同时还很贵重的东西值得积聚起来，人们就不见得会扩大他们所占有的土地，尽管土地是那样肥沃，他们又可以那样自由地取得土地。试问，如果一个人在美洲内地的中部拥有一万英亩或十万英亩的上好土地，他耕种得很好，也有很多牛羊，但他无法和世界的其他部分进行贸易，通过出卖产品换取货币，他将对这块土地作什么评价呢？圈用这种土地不会合算；我们会看到他只保留一块能够供应他自己和他家属以生活用品的土地，而把多余的部分重新放弃给自然的旷野。

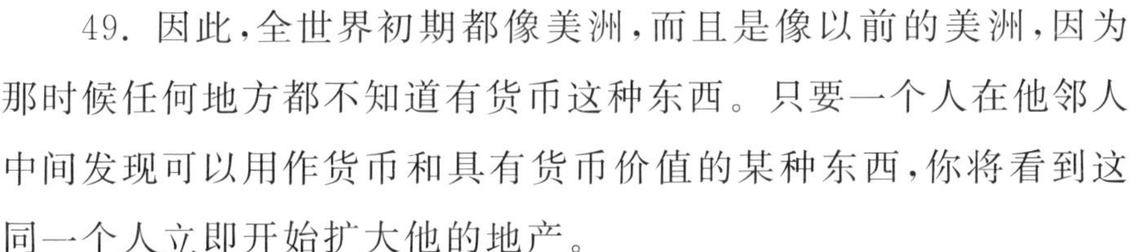

49. 因此，全世界初期都像美洲，而且是像以前的美洲，因为那时候任何地方都不知道有货币这种东西。只要一个人在他邻人中间发现可以用作货币和具有货币价值的某种东西，你将看到这同一个人立即开始扩大他的地产。

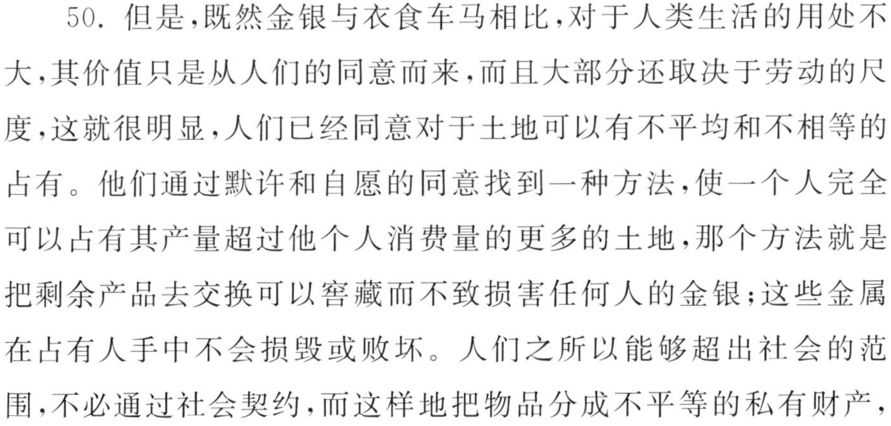

50. 但是，既然金银与衣食车马相比，对于人类生活的用处不大，其价值只是从人们的同意而来，而且大部分还取决于劳动的尺度，这就很明显，人们已经同意对于土地可以有不平均和不相等的占有。他们通过默许和自愿的同意找到一种方法，使一个人完全可以占有其产量超过他个人消费量的更多的土地，那个方法就是把剩余产品去交换可以窖藏而不致损害任何人的金银；这些金属在占有人手中不会损毁或败坏。人们之所以能够超出社会的范围，不必通过社会契约，而这样地把物品分成不平等的私有财产，只是由于他们赋予金银以一种价值并默认货币的使用。而政府则以法律规定财产权,土地的占有是由成文宪法加以确定的。

51. 这样,我以为可以很容易而无任何困难地看出,劳动最初如何能在自然的共有物中开始确立财产权,以及为了满足我们的需要而消费财产这一点又如何限制了财产权;因此对于财产权就不会有发生争执的理由,对于财产权容许占有多少也不能有任何怀疑。权利和生活需要是并行不悖的;因为一个人有权享受所有那些他能施加劳动的东西,同时他也不愿为他所享用不了的东西花费劳力。这就不会让人对财产权有何争论,也不容发生侵及他人权利的事情。一个人据为己有的那部分是容易看到的,过多地割据归己,或取得多于他所需要的东西,这是既无用处,也不诚实的。

第六章　论父权

52. 在这种性质的论文中，对于世界上已经通用的一些字眼和名词加以挑剔，或者会被指责为一种不恰当的非难，但是当旧名词易于使人陷于错误时，则提出一些新名词来可能不会被认为是不对的。父权这一名词或许就是这样，它似乎将父母对儿女的权力完全归属父亲，好像母亲是没有份的；可是，如果我们请教一下理性或启示，我们就会知道她也有同等的权利。这就使人有理由问，称做亲权是否更要确当些？无论自然和传宗接代的权利责成儿女负有何种义务，它必然是要他们对出生的共同因素的双方承担的。所以我们看到上帝的明文法到处都要儿女不加区别地服从父母。如“当孝敬父母”(《旧约》出埃及记，第二十章，第十二节)；“凡咒骂父母的”(《旧约》利未记，第二十章，第九节)；“你们各人都当孝敬父母”(《旧约》利未记，第十九章，第三节)；“你们作儿女的，要在主里听从父母”(《新约》以弗所书，第六章，第一节)等等，这是《旧约》和《新约》的语调。

53. 假如当初单就这一点加以很好的考虑而对问题的实质不作深入的探讨，也许不致使人们就双亲的权力问题铸成他们所犯过的大错。尽管这一父母亲的权力在父权的名称下似乎由父亲独占时可能并不太生硬地带有绝对统治权和王权的名义，可是如果

这一假定的对儿女的绝对权力被称做亲权,原来的名称就会听起来很不顺耳,本身显得很荒谬,因而就会发现那种权力也是属于母亲的。因为如果母亲也有份,那么对于那些根据他们所谓父亲身份而竭力主张绝对权力和权威的人们,就会很不受用。这样就会使他们所主张的君主政体失去很好的依据,因为从名词本身来说,他们所依据的作为仅由一人统治的基础的基本权威,并非属于一人,而是为二人所共有。但是,且不谈这个名词问题吧。

54. 虽然我在前面说过(第二章),所有的人生来都是平等的,却不能认为我所说的包括所有的各种各样的平等。年龄或德行可以给一些人以正当的优先地位。高超的才能和特长可以使另一些人位于一般水平之上。出生可以使一些人,关系或利益使另一些人,尊敬那些由于自然、恩义或其他方面的原因应予尊敬的人们。凡此种种都与所有人们现在所处的有关管辖或统治的主从方面的平等相一致。这就是与本文有关的那种平等,即每一个人对其天然的自由所享有的平等权利,不受制于其他任何人的意志或权威。

55. 我承认孩童并非生来就处在这种完全的平等状态中,虽然他们生来就应该享受这种平等。他们的父母在他们出世时和出世后的一段期间,对他们有一种统治和管辖权,但这只是暂时的。他们所受的这种支配的限制,犹如在他们孱弱的婴儿期间用来缠裹和保护他们的襁褓衣被一样。随着他们的成长,年龄和理性将解脱这些限制,直到最后完全解脱而能使一个人自由地处理一切为止。

56. 亚当生来就是一个完整的人,他的身心具有充分的体力和理智,因而他一生出来就能自己维护自己,并照上帝所赋予他的理性法则的要求来支配他的行动。从他以后，世界上繁殖了他的子子孙孙，他们生下来都是婴儿，孱弱无能，无知无识。但是为了补救这种直到成长和成年才能去掉的身心不成熟的缺陷，亚当和夏娃以及他们之后的所有父母根据自然法具有保护、养育和教育他们所生的儿女的责任；并非把儿女看作他们自己的作品，而是看作他们自己的创造者、即他们为其儿女对之负责的全能之神的作品。

57. 支配亚当的法律就是支配他的所有后裔的法律，即理性的法则。但是他的后人和他天然出生的情况不同，是由另一种途径进入世界的，这就使他们愚昧无知而不会运用理性，所以他们一时还不受那个法律的约束。一个人不能受不是对他公布的法律的约束，而这个法律既是仅由理性公布或发表的，那么他如果还不能运用理性，就不能说是受这个法律的约束；亚当的儿女既不是一生下来就受这个理性法则的约束，他们一时还不是自由的。法律按其真正的含义而言与其说是限制还不如说是指导一个自由而有智慧的人去追求他的正当利益，它并不在受这法律约束的人们的一般福利范围之外作出规定。假如没有法律他们会更快乐的话，那么法律作为一件无用之物自己就会消灭；而单单为了使我们不致堕下泥坑和悬崖而作的防范，就不应称为限制。所以，不管会引起人们怎样的误解，法律的目的不是废除或限制自由，而是保护和扩大自由。这是因为在一切能够接受法律支配的人类的状态中，哪里没有法律，哪里就没有自由。这是因为自由意味着不受他人的束缚和强暴，而哪里没有法律，哪里就不能有这种自由。但是自由，正如人们告诉我们的，并非人人爱怎样就可怎样的那种自由

(当其他任何人的一时高兴可以支配一个人的时候,谁能自由呢?),而是在他所受约束的法律许可范围内,随心所欲地处置或安排他的人身、行动、财富和他的全部财产的那种自由,在这个范围内他不受另一个人的任意意志的支配,而是可以自由地遵循他自己的意志。

58. 所以父母所享有的对于他们的儿女的权力,是由他们应尽的义务产生的,他们有义务要在儿童没有长成的期间管教他们。儿女所需要的和父母应该做到的,是培养儿女的心智并管理他们还在无知的未成年期间的行动,直到理性取而代之并解除他们的辛苦为止。这是因为,上帝既赋予人以一种指导他的行动的悟性,就让他在他所受约束的法律范围内享有一种意志的自由和正当地属于意志的自由范围内的行动的自由。但是当他还处在缺乏悟性来指导他的意志的情况下,他就缺乏他自己的可以遵循的意志。谁替他运用智力,谁也就应当替他拿出主张;他必须规定他的意志并调节他的行动;但是当儿子达到那种使他父亲成为一个自由人的境界时,他也成为了一个自由人。

59. 这一点在一个人所受约束的一切法律中都可适用,不论是自然法或国家法。一个人是否受自然法的约束?什么东西使他摆脱了那个法律?什么东西使他在自然法的范围内可以依照他的意志自由地处置他的财产?我的回答是,成熟的境界,他如果达到这个境界,就可以被认为能够理解那个法律,从而他可以把他的行为限制在那个法律的范围之内。当他达到这一境界时,他可以被认为知道遵循法律的程度和应用自由的程度,从而取得自由;而在这以前,被认为知道法律所容许的自由程度的人必须对他进行指导。如果这种理性的状态、这种成年使一个人自由，同样的情况也可以使他的儿子自由。一个人是否受英国法律的约束？什么东西使他不受那个法律的支配？即在那个法律的许可范围内享有依照他自己的意志来处置他的行动和财产的自由？这就是了解那个法律的能力；按照那个法律的假定为二十一岁，在某些情况下还要早些。如果这曾使父亲自由，它也该使儿子自由。在这以前，法律不容许儿子有意志，他要受替他使用理智的父亲或监护人的意志的指导。假如父亲死亡，而又没有委托一个代表来接替，假如他未曾准备一个导师在他儿子未成年和缺乏悟性期间加以管教，法律将负责做这件事情。在一个人尚未达到自由的状态，他的悟性还不适于驾驭他的意志之前，必须有人来管理他，作为支配他的一种意志。但是过了这个阶段，父亲和儿子，正如导师和成年之后的徒弟一样，都同等地自由了，他们同样地受制于同一法律，不论他们只是处在自然状态而受自然法的约束或受一个已成立的政府的明文法的约束，父亲对他的儿子的生命、自由或财产，都不再享有任何统辖权。

60. 但是，如果由于超出自然常规而可能发生某些缺陷，以致有人并未达到可被认为能够了解法律、从而能遵循它的规则而生活的那种理性的程度，他就决不能成为一个自由人，也决不能让他依照他自己的意志行事（因为他不知道他自己的意志应有限制，并不具有作为它的正当指导的悟性），在他自己的悟性不能担负此项责任时，仍须继续受他人的监护和管理。所以精神病者和白痴从来不能脱离他们父母的管束；胡克尔在《宗教政治》第一卷第七节中说："尚未到达能正确运用理性来指导自己的年龄的儿童，由于

自然缺陷而从来不会正确运用理性来指导自己的呆子,以及第三,目前还不能运用正确理性来指导自己的精神病者,只有以他们的导师用以指导其行动的理性作为他们的指导,来为他们谋求他们的福利。”凡此种种,似乎不过是上帝和自然加诸人类以及其他生物的一种责任,以保护他们的后裔,直到他们有能力自立为止;这很难被当做父母享有王权的一个例子或证据。

61. 所以我们是生而自由的,也是生而具有理性的;但这并不是说我们实际上就能运用此两者;年龄带来自由,同时也带来理性。由此我们可以看出,自然的自由和服从父母是一致的,两者都是基于同一原则的。一个儿童是依靠他父亲的权利、依靠他父亲的理智而自由的,他父亲的理智将一直支配着他,直到他具有自己的理智时为止。一个成年人的自由和一个尚未达到那个年龄的儿童对他的父母的服从,两者没有抵触但又判然有别,以致以父权之说来主张君主制的最盲目的人们也不能无视这一区别;最顽固的人也不能不承认它们的一致性。假如他们的学说是完全正确的,假如亚当的合法嗣子现在已经确定,并基于这一权利被立为君,享有罗伯特·菲尔麦爵士所说的一切绝对的无限权力;假如他在他的嗣子一出世的时候就死亡,这个婴孩不论他怎样自由、怎样至高无上,在年龄和教育使他具有理性和能力来管理他自己和他人之前,难道就可以不服从他的母亲和保姆、导师和监护人的支配吗?他生活上的需要、身体的健康和心灵的培育都要他受他人的而不是他自己的意志的指导,然而是否有人会认为,这种限制和服从是不符合于或剥夺了他有权享受的那种自由或主权,或把他的王国丧失给在他未成年期间对他管教的一些人呢?这种对他的管教,

只是使他更好和更早地具备行使他的自由权或主权的条件。如果有人问我，什么时候我的儿子可以达到自由的年龄，我将答复说，正就是当他的君主可以当政的年龄。明智的胡克尔在《宗教政治》第一卷第六节中说："但是什么时候一个人才可以说是已经达到这样的运用理性的地步，以致足以使他能够了解那些他必须用来指导他的行动的法律，这用感觉来辨认要比用技能和学问来决定容易得多。"

62. 国家本身就注意到并承认人们要到某一时期才开始像自由人那样行动，所以直到那时为止，不需要作出效忠或忠顺的宣誓，或对他们国家的政府表示其他公开的承认或顺从。

63. 由此可见，人的自由和依照他自己的意志来行动的自由，是以他具有理性为基础的，理性能教导他了解他用以支配自己行动的法律，并使他知道他对自己的自由意志听从到什么程度。在他具有理性来指导他的行动之前放任他享有无限制的自由，并不是让他得到本性自由的特权，而是把他投入野兽之中，让他处于和野兽一样的不幸状态，远远地低于人所处的状态。这就是使父母有权管理未成年的儿女的根源。上帝要他们以管教儿女为己任，并赋予他们以适当的慈爱和关切心情，来调节这一权力，而在儿女需要受这一权力的约束期间，按照他的智慧所筹划的那样，为了儿女的好处来行使这一权力。

64. 但是能有什么理由把父母对儿女的这种管教责任引申成为父亲的一种绝对的、专横的统辖权呢？他的权力至多只能采用他认为最有效的管教方式，使他们的身体有这样的体力和健康、他们的心灵这样地奋发和纯正，从而使他的儿女很好地具备条件，无论对己对人都成为十分有用的人;而如果对这种情况有必要的话,也可以在他们有能力时使他们为自己的生存而工作。但是,这项权力,母亲也和父亲一样,是有她的份的。

65. 不但如此,这个权力之属于父亲,并非基于自然的任何特殊权利,而只是由于他是他的儿女的监护人,因此当他不再管教儿女时,他就失去了对他们的权力。这一权力是随着对他们的抚养和教育而来的,是不可分割地互相关联的,而且它属于一个被遗弃的儿童的义父,如同属于另一个儿童的生身父亲一样。如果一个男子只有单纯的生育行为,对儿女并无照管,如果他能享有父亲的名义和权威是仅仅由于生育行为,那么他对自己的儿女是没有什么权力的。在世界上有些地区,一个妇女同时有几个丈夫,或在美洲有些地区,时常发生夫妇分离的情况,儿女都留给母亲,跟着母亲,完全受母亲的抚养扶持,在那些地区,父权又将发生什么变化呢?如果父亲在儿女幼年时死亡,难道他们在未成年时不是自然而然地到处要同样地服从他们的母亲,如同对他们的父亲一样,假如他活着的话?是否有人会说,母亲对于她的儿女有一种立法权,她能制定有永久服从义务的条例,用来规定与他们财产有关的一切事情,并约束他们一辈子的自由呢?或者说,为了执行这些条例,她能使用死刑呢?这是法官的正当权力,而这种权力父亲是连影子也没有的。他支配他的儿女的权力只是暂时的,不能及于他们的生命或财产;这不过是对于他们在未成年时的孱弱和缺陷的一种帮助,为他们的教养所必需的一种约束。虽然在儿女没有饿死的危险时,父亲可以任意处理他自己的财产,然而他的权力不能推及于儿女的生命或他们靠自己的劳动或他人的赠与所得的财

物，而当他们达到成年并享有公民权时，也不能及于他们的自由。父亲的主权到此为止，从此就不能再限制他的儿子的自由，正如他不能限制其他任何人的自由一样。而且可以肯定这决不是一种绝对的或永久的权限，一个男子可以摆脱它的束缚，因为神权准许他离开父母而和妻子同居。

66. 但是，纵然到了一定时候，如同父亲自己不受任何旁人的意志的支配一样，儿女不再受父亲的意志和命令的支配，他们除了同样要遵守自然法或他们国家的国内法之外，各人不受其他限制；这种自由却并不使儿子免除他根据上帝的和自然的法则对他父母应尽的尊礼。上帝既以世间父母为他延续人类种族大业的工具，以及他们儿女的生活的依靠，一方面使父母承担养育、保护和教育他们儿女的义务，同时他又要儿女承担永久尊礼他们父母的义务，其中包括用一切形之于外的表情来表达内心的尊崇和敬爱，因此就约束儿女不得从事任何可以损害、冒犯、扰乱或危害其生身父母的快乐或生命的事情，使他们对于给他们以生命和生活快乐的父母，尽一切保护、解救、援助和安慰的责任。任何国家、任何自由都不能解除儿女的这种义务。然而这决不是给与父母一种命令他们儿女的权力，或一种可以制定法律并任意处置他们的生命或自由的权威。应该尊崇、敬礼、感恩和帮助是一回事；要求一种绝对的服从和屈从是另一回事。一个在位的君主对他的母亲也要尽到对父母应尽的尊礼，但这并不减少他的权威，亦不使他受她的统治。

67. 未成年人的服从使父亲享有一种与儿童的未成年同时结束的临时统治权；儿女所应尽的尊礼使父母享有受到尊重、敬礼、赡养和孝顺的永久权利，这是多少与父亲的照管、花费和对他们的

教育方面的关怀所费的力量相当的。这并不因成年而告结束,而是在一个人一生的各方面和一切情况下都存在的。对这两种权力、即父亲在子女未成年时有权予以管教和终身应受尊礼的权力不加区别,就是引起有关这个问题一大部分错误的缘由。把它们说得确当些,前者毋宁是儿女的特殊利益和父母的责任,而不是父权的任何特权。教养儿女是父母为了他们儿女的好处而不容推卸的职责,以至任何事情都不能解除他们在这方面的责任。虽然同时也还有命令和责罚他们的权力,但是上帝把人们对儿女的深厚感情交织在人性的原则之中,简直不必担心父母会过分严苛地使用他们的权力;过分之处很少是在严苛方面,自然的强烈倾向倒是引向另一方面。所以当全能的上帝要表示他对于以色列人的宽容处理的时候,他告诉他们说,虽然他管教他们,但是他管教他们如同一个人管教他的儿子一样(《旧约》申命记,第八章,第五节)——那就是说,用慈爱的心肠——除绝对对他们最有好处的管教之外并不对他们加以更严厉的约束,而如果加以纵容倒是不够慈爱。这就是要儿女服从的那种权力,使父母不致增加操心或徒劳无功。

68. 另一方面,尊礼和赡养,作为儿女应该报答他们所得的好处的感恩表示,是儿女的必要责任和父母应享的特殊待遇。这是为了父母的好处,犹之另一种是为了儿女的好处一样。不过作为父母之责的教育似乎具有特别大的权力,因为孩童时期的无知和缺陷需要加以约束和纠正,这是一种看得见的统治权的行使,是一种统辖权。而尊礼一词所包含的责任并不要求那么多的服从,但是这种义务对成年的儿女要求得比年幼的儿女高些。"儿女们,要孝顺你们的父母",谁能认为这条命令要求自己有儿女的人对他父亲所表示的服从，要同他年幼的儿女应该对他自己所表示的一样；如果他的父亲由于狂妄的权威感，还要把他当作孩子看待的话，谁又会根据这句箴言，认为必须服从他父亲的一切命令呢？

69. 所以，父权或者不如说责任的首要部分、即教育是属于父亲的，这部分权力到一定的时候就告结束。教育的任务终了时，这部分的权力即自动告终，而且在这以前也是可以让与的。这是因为，一个人可以把教导儿子的事托付旁人，当他把他的儿子交给旁人充当学徒时，他就免除了他儿子在那个时期内对他和他的母亲的一大部分的服从义务。但是父权的另一部分，即尊礼的义务，还是完全属于他们的，这是无法取消的。这种义务绝对不能同父母两人分开，以致父亲的权威不能剥夺母亲的这种权利，亦没有任何人能免除他的儿子尊礼他的生身之母的义务。但是这两部分父权都与制定法律并以能及于财产、自由、身体和生命的处罚来执行这些法律的权力截然不同。命令儿女的权力到成年而告结束；虽然在此之后，一个儿子对他的父母总应尽到尊崇和敬礼、赡养和保护，以及感恩的心情能够责成每一个人尽到的一切义务，以报答他自然地能够得到的最大好处，然而这些并未把王权、君主的命令权给予父亲。他对于儿子的财产或行动并无统辖权，也没有任何权力在一切事情上以他的意志拘束他儿子的意志，尽管他的儿子如果尊重他的意志的话，在许多方面对他自己和他的家庭并无太不方便的地方。

70. 一个人为了尊礼和崇敬长者或贤人、保护他的儿女或朋友、救济和扶助受苦受难的人和感谢给他好处的人而负有种种义务，即使尽其所有和尽其所能也不足应付于万一；但是这一切并不能使那些要求他克尽义务的人享有权威，享有对他制定法律的权利。很明

显,这一切不是仅仅由于父亲的名义也不是如前面已经说过的由于也受恩于母亲的缘故,而是因为对父母所负的这些义务以及对儿女所提出的要求的程度可以随着扶养、慈爱、操心和花费的不同而有所出入的,这些照顾在两个孩子之间时常是有厚薄之分的。

71. 这就表明,何以身在社会而本身作为社会成员的父母,对他们的儿女保持着一种权力,并且享有同自然状态中的人们一样多的权利来要求儿女们对他服从。假如说一切政治权力只是父权,两者实际上是同一回事,那就不可能是这样了。因为这样的话,所有的父权既属于君主,臣民自然就不能享有。但是政治权力和父权这两种权力是截然不同而有区别的,是建立在不同的基础上而又各有其不同的目标的,因此每一个作为父亲的臣民,对于他的儿女具有和君主对于他的儿女同样多的父权;而每一个有父母的君主,对其父母应当尽到和他的最微贱的臣民对于他们的父母同样多的孝道和服从的义务;因此父权不能包括一个君主或官长对他臣民的那种统辖权的任何部分或任何程度。

72. 虽然父母教养儿女的义务和儿女孝敬父母的义务意味着一方享有全部权力和另一方必须服从,并且这对双方关系都是正常的,但是父亲通常还有另外一种权力,使他的儿女不得不对他服从;虽然这种权力他和别人都是同样具有的,但是由于这种权力的实施机会差不多总是出现在父亲们私人的家庭里,别处这样的例子极少,亦很少受人注意,因此现在就被当作父权的一部分。这就是人们通常所具有的把他们的财产给予他们最欢喜的人的权力。父亲的财产是儿女们所期待和承继的,通常依照每一国家的法律和习惯按一定比例分配,然而父亲一般地有权根据这个或那个儿女的行为是否迎合他的意志和脾气而多给或少给。

73. 这对于儿女的服从起着相当大的约束力。由于土地的享用总是附带着对这块土地所属的国家的政府的顺从，因而一般就认为父亲能够强制他的后人服从他自己所臣服的政府，使他的儿女也受他的契约的约束。其实，这不过是土地附带的一项必要条件，而处在那个政府之下的地产的继承，只有那些愿意在那种条件下承受的人们才能享受，所以这并不是什么自然的约束或义务，而是一种自愿的顺从。这是因为，既然每一个人的儿女天生和他自己乃至他的任何祖先一样地自由，当他们处于这种自由状态时，他们就可以选择自己愿意加入的社会、愿意隶属的国家。但是假如他们要享受他们祖先的遗产，他们就必须接受他们祖先原来接受的同样条件，受制于这一产业所附带的一切条件。诚然，父亲可以运用这种权力，迫使他们的儿女即使已经达到成年仍然对他服从，而且通常使他们隶属于这个或那个政治权力之下。但是这些都不是基于父亲的任何特殊权利，而是用他们所持有的赏赐来贯彻和酬答这种服从；这并不比一个法国人对于一个英国人所享有的权力更大，如果后者要想得到前者的一份财产，当然对他自己的服从不肯丝毫放松。而当财产传给他的时候，如果他要享受这份财产，他就必须接受该土地所在国家对于土地占有所规定的附带条件，不论是法国或英国。

74. 由此可以得出这样的结论：纵然父亲的命令权只在他的儿女的未成年期间行使，而且只以适合于那个期间的管束教训为限；纵然儿女在他们的一生中和在一切情况下，对于他们的父母必须尽到尊敬、孝顺和拉丁人所谓“孝道”以及对他们应尽的一切保

护和赡养,而并不给予父亲以统治的权力——即制定法律和处罚他的儿女——虽然这一切都不能使他对于他的儿子的财产或行动有何统辖权,然而很明显地可以设想,在世界初期以及现在的某些地方,人口的稀少容许一些家庭分散到无主的地区去,他们还可以迁移到或定居在尚无人烟的地方,在那种情况下,一家的父亲成为家庭中的君主是极为容易的。[①] 他从他的儿女的孩提时起就是一个统治者。由于进行共同生活而没有某种统治权有其困难,于是很可能当儿女长成的时候,基于他们明白或默认的同意,将统治权归于父亲,而实在说来,这个统治权只是继续下去,并没有什么改变;事实上,要做到这一点,所需要的只是容许父亲一人在他的家庭里行使每个自由人自然享有的自然法的执行权,而由于这种容许,当他们还留在这个范围之内时,就给予父亲一种君主的权力。然而显而易见,这并非基于任何父权,而只是基于他的儿女的同意。因此没有人会怀疑,假如有一个外人偶然或因事到他的家里,在他家里杀死了他的一个儿女或者做了其他任何坏事,他可以把他定罪处死,或者像处罚他的任何儿女那样处罚他。当然他这样做,对于一个不是他孩子的人,不可能是基于任何父权,而是基于

① "所以,那位大哲学家的这种意见并不是不足置信的,这就是:每个家庭的家长,可以说,总像一个国王。所以当许多家庭联合成为公民社会的时候,他们之中的最早的一种统治者就是国王。这似乎也说明了何以父亲的名义在他们的身上继续存在,他们是以父亲的身份充当统治者的。关于统治者的古老习惯也是这样的,例如麦契宰德王就是如此。至于作为国王行使祭司的职务,最先是由父亲所行使的,这也许是在同样的情况下发展形成的。虽然如此,这并非为世界所接受的惟一的一种统治。一种统治的不便促使创设各种各样其他的统治。因此,一言以蔽之,不论哪种公共统治,都似乎明显地起源于人们之间的深思熟虑、协商和和解,认为它是便利和适宜的。而从自然本身来观察,人类在没有任何公共统治的情况下而能生活,这是不可能的。"——胡克尔(《宗教政治》,第一卷,第十节)

他作为一个人而享有的自然法的执行权。在他家里只有他一人能处罚他,因为由于他的儿女的崇敬,他们愿意让他具有高于家庭中其余成员的尊严和权威而行使这种权力。

75. 因此,儿女们以默认和难以避免的同意使父亲具有权威并进行统治,那是很容易的和几乎是很自然的。他们在孩童期间就习惯于服从他的管教,把他们的小的争执向他提出;而当他们成人以后,谁更适宜于统治他们呢?他们的些微财产和不大的贪心很少会引起较大的争执。当争执发生时,除掉像他这样把他们都抚养长大并对他们都有爱心的人以外,还能从哪里找到更合适的公证人呢?难怪他们对未成年和成年并不作出区别,而当他们无意摆脱被保护者的身份时,也并不期待那可以使他们自由处理自身和财产的二十一岁或任何其他年龄。他们在未成年时所处的那种统治局面,依然对他们是保护多于限制;他们的安宁、自由和财产没有比在父亲的统治下能够得到更可靠的保障。

76. 所以,一些家庭的儿女的生身父亲不知不觉地也变成了政治上的君王;而如果他们碰巧寿命长,留下了连续几代能干而适当的继承人或由于其他原因,他们就随着机会、策划或某些情况的促成,奠定了各种组织形式和形态的世袭的或选举的王国的基础。但是,假如认为君主是以他们作为父亲的身份而享有君权的,因而认为这就足以证明父亲们享有政治权力的自然权利,因为统治权的行使事实上通常是在父亲手里的——我要说,如果这个论证是对的话,那么它也会同样有力地证明,所有的君主——而且只有君主——应当成为祭司,因为在最初,一家的父亲担任祭司和他是一家的统治者这一事实是同样地可以肯定的。

第七章　论政治的或公民的社会

77. 上帝既把人造成这样一种动物，根据上帝的判断他不宜于单独生活，就使他处于必要、方便和爱好的强烈要求下，迫使他加入社会，并使他具有理智和语言以便继续社会生活并享受社会生活。最初的社会是在夫妻之间，这是父母与儿女之间社会的开端；嗣后又加上了主仆之间的社会。虽然所有这些关系可以而且通常也确实会合在一起而构成一个家庭，其主人或主妇具有适合于家庭的某种统治；然而，我们从下文可以看出，这些社会，不论个别地或联合在一起，都不够形成政治社会，假如我们对每种社会的不同目的、关系和范围加以考虑的话。

78. 夫妻社会是基于男女之间的自愿合约构成的。虽然它主要包含着为其主要目的、即生殖所必需的那种对彼此身体的共有和权利，然而它还带有互相扶养和帮助以及对于利益的共享，这不但为巩固他们的互相照顾和亲密感情所必要，而且亦为他们共同的子女所必要，因为他们的子女有权利得到他们的养育扶持，直到他们能够自立为止。

79. 男女间结合的目的既不仅是生殖，而是种族的绵延，所以男女间的这种结合，即使在生育之后，还应该在有必要养育和扶持儿童的期间维持下去，这是因为儿童应该得到生身父母的保育扶持，直到他们能够自立谋生为止。无限智慧的创世主对他亲手造成的创造物所树立的这条规则，我们看到是为低等动物所坚决服从的。在那些以草为饲料的胎生动物中，雌雄之间的结合在交配行为后即不再保持，因为母乳在幼兽自己能吃草以前已足够维持其营养，雄兽只是传种，不再过问雌兽或幼兽，对它们的扶养不能有所贡献。但在猛兽中，雌雄的结合比较长久些，因为雌兽只靠它自己捕获的东西不够维持它自己并养活它的为数众多的幼兽，而捕食其他动物比起以草为饲料来是个更费力更危险的生活方式，这就必须由雄兽帮同扶养它们的共同家庭，因为幼兽在自己能够捕食以前，只能靠雌雄兽的共同照顾才能生存。在所有的鸟类中情况也是一样（除掉某些家禽，由于有足够的饲料，雄的不必饲养照顾幼禽），幼禽在巢内需要喂饲料，雌雄继续配偶直到幼禽能够起飞和自己觅食为止。

80. 我想这就是人类的男女结合何以比其他动物的结合较为长久的主要的——如果不是惟一的——理由。这是因为在女人所生的孩子尚未脱离对父母的帮助和扶持的依赖，还不能自己谋生和一切都须从他的父母得到帮助的时候，女人即可能怀孕，而且事实上往往重新怀孕，又生出一个孩子来。在这种情况下，父亲既有照管扶养他的子女的责任，就有义务和同一个妇女继续维持夫妻社会；这要比其他动物为长，因为其他动物在再度生育的季节到来之前，它们的幼小动物已能自谋生存，两性的结合自然而然地解散了，直到婚姻之神在他经常一年一度的季节里又召唤它们另选新配偶的时候为止，它们是完全自由的。人们在这里不能不赞美伟大创世主的智慧，他既赋予人以一种能为将来准备又能供应目前需要的先见和能力,就使夫妻的社会有必要比其他动物的两性结合更为持久,从而可以鼓励他们的勤劳,可以使他们的利益结合得更紧密,以便对于他们共同的子女提供给养并进行储藏,而夫妻社会如果随意结合或者经常很容易地宣告解散,那就会大大地危害他们共同的子女。

81. 不过,虽然对人类的这些约束使夫妻关系比其他动物较为牢固和持久,人们却有理由可以问,为什么这种保障生殖和教育并照顾到继承的合约,不可以同其他任何自愿的契约那样,基于同意、或在一定时间、或根据某些条件使它终止呢,因为就事情的性质和目的来看,这并不应该总是终身的——我指的是不受任何规定所有这类合约为永久性的明文法约束的这样一些契约。

82. 但是,虽然夫妻只有同一的共同关系,然而由于各有不同的理解,他们不可避免地有时也会有不同的意志;因此有必要使最后的决定——即统治——有所归属,这就自然而然地落在较为能干和强健的男子分内了。但是这只限于有关他们共同利益和财产的事情,妻子仍然充分和自由地保有由契约规定为她的特有权利的事项,至少她所给予丈夫的支配她的生命的权力并不大于她所享有的支配丈夫的生命的权力。丈夫的权力既远不及一个专制君主的权力,妻子在许多情况下,在自然权利或他们的契约所许可的范围内,就有和他分离的自由,不论那个契约是他们在自然状态中订立的,或基于他们所处的国家的习惯或法律订立的;而儿女在分离时应归属父方或母方,则根据这种契约的规定。

83. 婚姻所要达到的全部目的既是在政府统辖下也是在自然状态中取得的,政府官长并不能剥夺夫妻的任何一方为达到那些目的——即生育儿女和在他们共同生活时的相互支持和帮助——而势必需要的权利或权力，而只能在夫妻之间对这些事情发生争执时进行裁断。如果不是这样，如果绝对主权和生杀之权自然属于丈夫，而为夫妻之间所必要的话，则在不容许丈夫具有这种绝对权威的任何国家中，将不可能有婚姻。但是，既然婚姻的目的并不需要丈夫具有这种权力，夫妻社会的条件就并不使他具有这种权力，因为这对于婚姻状态是根本不必要的。夫妻的社会在没有这种权力的情况下，也能存在和达到它的目的；至于财产的共有、处理财产的权力、互相帮助和支持以及属于夫妻社会的其他事情，则可以基于结成夫妻社会的契约而有所不同、有所调整，只要与生育和扶养儿女直到他们能自力谋生为止的精神相符合就行。凡是对结成任何社会的目的并无必要的，对于这种社会就没有必要。

84. 关于父母和子女之间的社会，以及属于他们双方的各自的权利和权力，我在前一章里已详加讨论，此处无须再有所申述；我认为它显然和政治社会极不相同。

85. 主人和仆人是和历史同样古老的名称，但是获得这些名称的人的条件很不相同。一个自由人向另一人出卖在一定时期内提供他的劳役以换取工资，从而使自己成为另一人的仆人；并且，虽然这一行为通常使他处在主人的家庭内，受一般的纪律管束，然而这只给主人以暂时支配他的权力，而且不超越他们之间契约中所规定的范围。但是另外还有一种仆人，我们以一个特殊的名称叫他们为奴隶，他们是在一次正义战争中被获的俘虏，基于自然权利要受他们主人的绝对统辖权和专断权力的支配。像我所说过的，这些人既已放弃了他们的生命权，因而也放弃了他们的自由，丧失了他们的财产——处在奴隶状态中不能有任何财产——他们就不能在那种状态中被认为是政治社会的任何部分,因为政治社会的首要目的是保护财产。

86. 所以让我们对一个家庭的主人,连同在一个家庭的对内统治下结合在一起的妻子、儿女、仆人和奴隶的一切从属关系来考究,尽管这种家庭在其秩序、职务和人数方面类似一个小的国家,但是在它的组织、权力和目的方面是很不相同的。或者,如果一定要把它看做是一个君主政体,家长是其中的专制君主的话,那么君主专制政体将只有一种极不巩固的和短暂的权力。因为根据前面所说,很明显的是,就时期和范围而言,一家的主人对于家中的那几个人具有明确而又各不相同的有限权力。他除对奴隶以外(不论家庭中有无奴隶,家庭还是家庭,他作为家长的权力还是一般大),对于家庭中的任何成员没有生杀予夺的立法权;而且他所有的权力,一家的女主人也是同样可以具有的。他对于家庭的每一成员既只有极有限的权力,当然就不能对全家享有绝对权力。但是一个家庭或人类的任何其他社会究竟怎样不同于真正的政治社会,我们在探讨政治社会本身是怎样构成时将清楚地看到。

87. 前面已经论证,人们既生来就享有完全自由的权利,并和世界上其他任何人或许多人相等,不受控制地享受自然法的一切权利和利益,他就自然享有一种权力,不但可以保有他的所有物——即他的生命、自由和财产——不受其他人的损害和侵犯,而且可以就他认为其他人罪有应得的违法行为加以裁判和处罚,甚至在他认为罪行严重而有此需要时,处以死刑。但是,政治社会本身如果不具有保护所有物的权力,从而可以处罚这个社会中一切

人的犯罪行为，就不成其为政治社会，也不能继续存在；真正的和惟一的政治社会是，在这个社会中，每一成员都放弃了这一自然权力，把所有不排斥他可以向社会所建立的法律请求保护的事项都交由社会处理。于是每一个别成员的一切私人判决都被排除，社会成了仲裁人，用明确不变的法规来公正地和同等地对待一切当事人；通过那些由社会授权来执行这些法规的人来判断该社会成员之间可能发生的关于任何权利问题的一切争执，并以法律规定的刑罚来处罚任何成员对社会的犯罪；这样就容易辨别谁是和谁不是共同处在一个政治社会中。凡结合成为一个团体的许多人，具有共同制定的法律，以及可以向其申诉的、有权判决他们之间的纠纷和处罚罪犯的司法机关，他们彼此都处在公民社会中；但是那些不具有这种共同申诉——我是指在人世间而言——的人们，还是处在自然状态中，因为既然没有其他的裁判者，各人自己就是裁判者和执行人，这种情况，如我在前面已经说明的，是纯粹的自然状态。

88. 由此可见，国家具有权力对社会成员之间所犯的不同的罪行规定其应得的惩罚（这就是制定法律的权力），也有权处罚不属于这个社会的任何人对于这个社会的任何成员所造成的损害（这就是关于战争与和平的权力）；凡此都是为了尽可能地保护这个社会的所有成员的财产。但是，虽然加入了政治社会而成为任何国家成员的人因此放弃了他为执行他的私人判决而处罚违犯自然法的行为的权力，然而由于他已经把他能够向官长申诉的一切案件的犯罪判决交给立法机关，他也就给了国家一种权力，即在国家对他有此需要时，使用他的力量去执行国家的判决；这些其实就是他自己的判决，是由他自己或者他的代表所作出的判决。这就是公民社会的立法权和执行权的起源,这种权力得根据长期有效的法律来决定应怎样处罚发生在国家中的犯罪行为,同时也根据以当时实际情况为依据的临时的判断来决定应怎样对外来的侵害加以惩罚;在这两方面遇有必要时,都可以使用全体成员的全部力量。

89. 因此,在任何地方,不论多少人这样地结合成一个社会,从而人人放弃其自然法的执行权而把它交给公众,在那里、也只有在那里才有一个政治的或公民的社会。其形成的情形是:处在自然状态中的任何数量的人们,进入社会以组成一个民族、一个国家,置于一个有最高统治权的政府之下;不然就是任何人自己加入并参加一个已经成立的政府。这样,他就授权社会,或者授权给社会的立法机关(这和授权给社会的性质一样),根据社会公共福利的要求为他制定法律,而他本人对于这些法律的执行也有(把它们看作自己的判决一样)尽力协助的义务。设置在人世间的裁判者有权裁判一切争端和救济国家的任何成员可能受到的损害,这个裁判者就是立法机关或立法机关所委任的官长,而由于这种裁判者的设置,人们便脱离自然状态,进入一个有国家的状态。而无论在什么地方,如果任何数量的人们不管怎样结合起来,没有这种可以向其申诉的裁判权力,他们就仍处在自然状态中。

90. 所以很明显,虽然有些人认为君主专制政体是世界上惟一的政体,其实是和公民社会不相调和的,因而它完全不可能是公民政府的一种形式。因为公民社会的目的原是为了避免并补救自然状态的种种不合适的地方,而这些不合适的地方是由于人人是自己案件的裁判者而必然产生的,于是设置一个明确的权威,当这社会的每一成员受到任何损害或发生任何争执的时候,可以向它申诉，而这社会的每一成员也必须对它服从。[①] 当人们没有这样的权威可以向其申诉并决定他们之间的争论时，这些人仍处在自然状态中。因此每一个专制君主就其统治下的人们而言，也是处在自然状态中。

91. 只要有人被认为独揽一切，握有全部立法和执行的权力，那就不存在裁判者；由君主或他的命令所造成的损失或不幸，就无法向公正无私和有权裁判的人提出申诉，通过他的裁决可以期望得到救济和解决。因此，这样一个人，不论使用什么称号——沙皇、大君或叫什么都可以——与其统治下的一切人，如同和其余的人类一样，都是处在自然状态中。如果任何两个人处在这样的境地，既没有长期有效的法规，也没有在人世间可以向其申诉的共同裁判人，来决定他们之间权利的争执，那么他们还是处在自然状态[②]和自然状态的种种不方便处之下。对于一个专制君主的臣民或不如说是奴隶来说，只有这个可悲的区别：在通常的自然状态

① “一切社会的公共权力是凌驾于同一社会的每个人之上的，其首要用处在于为所有那些受权力支配的人制定法律。我们对这样的法律必须服从，除非有十分充足的理由证明，理性或上帝的法律有相反的规定。”——胡克尔(《宗教政治》，第一卷，第十六节)

② “要摆脱那些伴随自然状态中的人类而存在的争吵、侵害和损害，没有别的途径，只有通过在他们中间进行和解和协议来组成公共政府，使自己受制于那些享有他们所授予的统治权的人们，由他们来获得和平、安宁和其他美满的生活状况。人们总是知道，当强力和损害施加于他们的时候，他们可以进行自卫。他们知道，尽管人们可以谋求财物，但是如果这样做的时候使别人遭受损害，那是不能容忍的，而只有由所有的人和使用一切好的方法来加以制止。最后，他们知道没有人可以有理由让自己来决定他自己的权利，并根据他自己的决定来加以维护，因为每个人对自己和他所爱的人总是偏心的。因此，争吵和纠纷将会不断发生，除非他们一致同意由他们所公推的一些人来统治所有的人，而如果没有这种同意，就没有理由使任何人自命为另一人的主人或裁判者。”——胡克尔(《宗教政治》，第一卷，第十节)

中,他享有判断自己的权利并尽力加以维护的自由;而现在呢,当他的财产受到他的君主的意志和命令的侵犯时,他非但不像处在社会中的人们所应享有的那样享有申诉的权利,而且,好像他已从理性动物的共同状态中贬降下去似的,被剥夺了裁判或保卫他的权利的自由;从而有遭受各种灾难和不幸的危险,而这些灾难和不幸是很可能由一个既处在不受拘束的自然状态而又因受人谄谀逢迎以致品德堕落并掌握着权力的人造成的。

92. 谁认为绝对权力能纯洁人们的气质和纠正人性的劣根性,只要读一下当代或其他任何时代的历史,就会相信适得其反。在美洲森林里横行不法的人,在王位上大概也不会好多少;当他身居王位时,或者会找出学说和宗教来为他加于他的臣民的一切行为辩解,而刀剑可以立刻使一切敢于责难他的人们保持缄默。这种君主政体发展到完备阶段时,君主专制下的保护是什么情况,那种保护使君主们成为他们国家中的怎样的家长,使公民社会的幸福与安全达到什么程度,我们只要研究一下近来锡兰的情况就易于了解。

93. 诚然,在专制君主国乃至在世界上其他的政府之下,臣民有权向法律和法官们申诉,来裁判臣民之间可能发生的任何争执,并阻止任何暴行。这是人人都认为必要的,而且相信,凡是想要剥夺这种权利的人,应当被认为是社会和人类的公敌。但是这是否出于对社会和人类的真正的爱和我们大家彼此应有的善心,却有理由加以怀疑。这不过是每一个爱好他自己的权力、利益或强大的人可能而且一定自然地会做出的行径,使那些只是为他的快乐和好处而劳动和做苦工的牲畜不要互相伤害或残杀;其所以如此得到照顾,不是由于主人对它们有什么爱心,而是为了爱他自己和它们给他带来的好处。假如有人问，在这种状态之下，有什么安全和保障可以防止这个专制统治者的暴行和压迫，这个问题本身就很难容忍。人们会立即告诉你，只要问起安全就死有余辜。他们将承认，在臣民彼此之间，为了他们相互的安宁和安全，必须有措施、法律和法官；但就统治者来说，他应该是绝对的，超于这种种情况之上的；因为他有权力可以做更多的害人的事和坏事，他这样做是合法的。如果你问起，怎样可以防御最强有力者之手势必会做出的暴行或损害，这就立刻成为谋反和叛变的呼声。这仿佛是当人们摆脱自然状态进入社会时，他们同意，除一人之外，大家都应当受法律的约束，但他一个人仍然可以保留自然状态中的全部自由，而这种自由由于他掌握权力而有所扩大，并因免于受罚而变得肆无忌惮。这就是认为人们竟如此愚蠢，他们注意不受狸猫或狐狸的可能搅扰，却甘愿被狮子所吞食，并且还认为这是安全的。

94. 但是，不论花言巧语的人怎样来玩弄人们的理智，它蒙蔽不了人们的感觉。当他们发觉有人不论处于任何地位，已不受他们所属的公民社会的约束，而他们对于可能从他的方面受到的伤害在人世间又无从申诉时，他们会认为对这样一个人来说，他们是处在自然状态中，因为他们发现他就是处于这种状态；并且当他们能够时，会尽快设法在公民社会中享有安全和保障，而安全和保障是原先建立公民社会的目标，也是他们参加公民社会的目标。所以，虽然起初(关于这一点下文再加详论)或许有一个品质优良的人，在其余的人中间享有威望，大家尊崇他的善良和美德，仿佛把他当作一种自然的权威，于是享有仲裁他们之间争执的权力的主要统治权便基于一种默许的同意而归他掌握，他们除了确信他的公正和智慧之外，并无其他保证。但是,随着时间的推移,由初民时代漫不经心和缺乏预见的天真心理所造成的种种惯例便带有权威和(有些人要使我们相信的)神圣的性质,同时也产生了另一类型的继承者;到了这个时候,人民感到他们的财产在这个政府下不像以前那样能获得保障(殊不知政府除了保护财产之外,没有其他目的)[①],因此他们非把立法权交给人们的集合体(你称之为参议院、议会等等),就不会感到安全和安心,也不会认为自己是处在公民社会中。采用这种办法,每一个个人和其他最微贱的人都平等地受制于那些他自己作为立法机关的一部分所订定的法律。法律一经制定,任何人也不能凭他自己的权威逃避法律的制裁;也不能以地位优越为借口,放任自己或任何下属胡作非为,而要求免受法律的制裁。公民社会中的任何人都是不能免受它的法律的制裁的。[②] 因为,如果任何人可以为所欲为,人们对于他所做出的任何有害行动在人世间无从通过申诉而得到赔偿或保障,我要问,他是否还完全处在自然状态中,因而不能成为那个公民社会的一部分或一个成员。除非有人说自然状态和公民社会是一回事,而我却尚未遇到过那样狂妄的惟恐天下不乱的人,竟会作这种肯定的断言。

① “最初,在选定某种类型的统治时,可能当时并未再进一步思考关于统治的方式,但是最后他们根据经验,感到听任统治者凭他的智慧和自由裁量来支配一切,在各方面都很不便,他们所策划的补救办法,反而增加了它应该治疗的创伤。他们看到受一个人的意志的支配,成为一切人的痛苦的原因。这就迫使他们制定法律,让所有的人在法律中事前看到他们的义务,并且知道违犯法律将受到什么处罚。”——胡克尔(《宗教政治》,第一卷,第十节)

② “民法既然是整个国家的行为,因而支配着同一整体的各个组成部分。”——胡克尔(《宗教政治》)

第八章　论政治社会的起源

95. 正如上述，人类天生都是自由、平等和独立的，如不得本人的同意，不能把任何人置于这种状态之外，使受制于另一个人的政治权力。任何人放弃其自然自由并受制于公民社会的种种限制的惟一的方法，是同其他人协议联合组成为一个共同体，以谋他们彼此间的舒适、安全和和平的生活，以便安稳地享受他们的财产并且有更大的保障来防止共同体以外任何人的侵犯。无论人数多少都可以这样做，因为它并不损及其余的人的自由，后者仍然像以前一样保有自然状态中的自由。当某些人这样地同意建立一个共同体或政府时，他们因此就立刻结合起来并组成一个国家，那里的大多数人享有替其余的人作出行动和决定的权利。

96. 这是因为，当某些人基于每人的同意组成一个共同体时，他们就因此把这个共同体形成一个整体，具有作为一个整体而行动的权力，而这是只有经大多数人的同意和决定才能办到的。要知道，任何共同体既然只能根据它的各个个人的同意而行动，而它作为一个整体又必须行动一致，这就有必要使整体的行动以较大的力量的意向为转移，这个较大的力量就是大多数人的同意。如果不是这样，它就不可能作为一个整体、一个共同体而有所行动或继续存在,而根据组成它的各个个人的同意,它正是应该成为这样的整体的;所以人人都应根据这一同意而受大多数人的约束。因此,我们看到有些由明文法授权的议会,在明文法上并未规定其进行行为的法定人数,在这种场合,根据自然和理性的法则,大多数具有全体的权力,因而大多数的行为被认为是全体的行为,也当然有决定权了。

97. 因此,当每个人和其他人同意建立一个由一个政府统辖的国家的时候,他使自己对这个社会的每一成员负有服从大多数的决定和取决于大多数的义务;否则他和其他人为结合成一个社会而订立的那个原始契约便毫无意义,而如果他仍然像以前在自然状态中那样地自由和除了受以前在自然状态中的限制以外不受其他拘束,这契约就不成其为契约了。因为,如果这样,那还像什么契约呢?如果他除了自己认为适当的和实际上曾表示同意的法令之外,不受这个社会的任何法令的拘束,那还算什么承担新的义务呢?这样,他的自由就会仍然像在订立契约以前他所享有的或在自然状态中的任何人所享有的自由一样大,因为他可以在他认为合适时才服从和同意社会的任何行为。

98. 假使在理性上不承认大多数的同意是全体的行为,并对每一个人起约束的作用,那么,只有每一个人的同意才算是全体的行为;但是要取得这样一种同意几乎是不可能的,如果我们考虑到必然会有许多人因病、因事不能出席公共集会,尽管其人数远不如一个国家成员的总数。此外,意见的分歧和利害的冲突,在各种人

的集合体中总是难免的。如果基于这样的条件而进入社会，那就只会像伽图走进戏院那样，一进场就出去。这种组织将会使强大的利维坦[①]比最弱小的生物还短命，使它在出生的这一天就夭亡；除非我们认为理性的动物要求组织成为社会只是为了使它们解体，这是不能想象的事。因为如果大多数不能替其余的人作出决定，他们便不能作为一个整体而行动，其结果只有立刻重新解体。

99. 因此，凡是脱离自然状态而联合成为一个共同体的人们，必须被认为他们把联合成共同体这一目的所必需的一切权力都交给这个共同体的大多数，除非他们明白地议定交给大于大多数的任何人数。只要一致同意联合成为一个政治社会，这一点就能办到，而这种同意，是完全可以作为加入或建立一个国家的个人之间现存的或应该存在的合约的。因此，开始组织并实际组成任何政治社会的，不过是一些能够服从大多数而进行结合并组成这种社会的自由人的同意。这样，而且只有这样，才曾或才能创立世界上任何合法的政府。

100. 对于这一点，有人提出两种反对意见。

第一，在历史上找不到这样的例子：一群彼此独立和平等的人集合在一起，以这种方法开始和建立一个政府。

第二，人们这样做在权利上是不可能的，因为一切人既然生来就处在政府之下，他们必须受制于那个政府，不能自由地创立一个新的政府。

101. 对于第一个反对意见，可以这样回答：历史所载关于人

① 利维坦（Leviathan）的原意是《圣经》中提到的一种巨型海兽的名称，霍布斯称国家为“利维坦”，洛克在这里加以借用。——译者注

们群居在自然状态中的叙述极少,这是毫不足怪的。自然状态的种种不便和人们爱好合群而缺乏合群的情况一旦把任何一个数目的人聚在一处,他们如果想要继续共同群居便会立即联合并组成一个社会。假如我们因为很少听见过人们处在自然状态,就不能推定他们曾经是处在这种状态中的,那我们也可以因为很少听见过萨尔曼那塞尔或塞克西斯的军队在成人和编入军队以前的情况,就推定他们根本没有经过儿童的阶段了。政府到处都是先于记载而存在的,而文字的使用,都是在一个民族经过长期持续的公民社会,享受了其他更必需的技艺为他们提供的安全、便利和丰富的生活之后,才开始的。到那个时候他们才开始追述他们的创建者的历史,而当他们已无从记忆这段历史时,他们才探本溯源。因为国家也像个人一样,通常对于自己的出生和幼年情况是不清楚的。如果它们知道关于自己的起源的一些材料,这是靠参考他人所保存的偶然记载而得来的。除了上帝自己直接干预的犹太民族之外(它根本不赞成父亲的统辖权),世界上任何国家的起源都显然是像我所说的那样,或者至少有着这种明显的迹象。

102. 如果有谁不承认罗马和威尼斯的创建是由彼此自由和独立的、没有自然的尊贵或臣属之分的人们的结合,那么,我们就不能不说他在他的假设与明显的事实不符时显露了硬要否定事实的奇怪想法。假如我们可以引证阿科斯塔[①]的话,那么他告诉我们说,在美洲的许多地方以前完全没有政府。他说:“基于有力而

① 阿科斯塔(Josephus Acosta, 1539? —1600),西班牙人,著有《印第安人的自然和道德历史》(*Historia natural y moral de las Indias*, 1590 年出版),作者在这部著作里,介绍了南美洲的自然界以及南美洲印第安人的生活和风俗习惯。——译者注

明显的推测，这些人（指秘鲁的土著）在一个很长时期内，没有国王也没有国家，而是过着军队的生活，像今日佛罗里达的人、巴西的吉里夸纳人和许多其他民族那样，他们都没有一定的国王，只是逢到和平或战争的关头，他们才随意选出他们的领袖。”（第一卷，第二十五章）。如果说，那里的每一个人生来就隶属于他的父亲或家长，那么前面已经证明，孩子对父亲的隶属并不能剥夺他加入一个他认为合适的政治社会的自由。无论怎样，实际上这些人显然是自由的。尽管有些政治家现在怎样想要给与他们中间的若干人以某种优越的地位，他们自己却并没有这种要求；而是基于同意他们是一律平等的，直到他们基于同样的同意在他们之上设置了统治者为止。所以，他们的政治社会都起源于自愿的结合和人们自由地选择他们的统治者和政府形式的相互协议。

103. 我希望我们会承认查士丁[①]所记述的那些跟同巴兰杜斯一道离开斯巴达的人曾是彼此独立的自由人，他们曾基于自己的同意建立了一个统治他们的政府。这样，我已从自由的和处于自然状态中的民族的历史中举出了一些例子，他们由于聚在一起而联合起来并创建了一个国家。如果说可以拿缺少这种例子这一点当作论据来证明政府不是和不能这样开始的，那我认为主张父权帝国的人们还是放弃这种论调而不要用它来反对自然的自由为妙。因为，如果他们也能从历史中举出像我所举的那样多的例子，来证明政府起源于父权（虽然这种充其量是用曾经有过的事来证明应当有的事的论据并不十分令人信服），我想，在这个问题上对

① 查士丁（Justin，生于第三世纪），罗马史学家。——译者注

他们让步不致会有多大危险。但是,如果能让我在这一点上对他们有所建议,那么他们最好不必过分去寻找事实上他们已经开始找寻的政府的起源,免得他们发觉在大多数政府的基础上,有些东西是很不利于他们所提倡的方案和所主张的那种权力的。

104. 我们可以得出这样的结论:我们的论证显然是有理的,人类天生是自由的,历史的实例又证明世界上凡是在和平中创建的政府,都以上述基础为开端,并基于人民的同意而建立的;因此,对于最初建立政府的权利在什么地方,或者当时人类的意见或实践是什么,都很少有怀疑的余地。

105. 我并不否认,如果我们根据历史的线索尽量追溯国家的起源,我们一般地会看到它们总是在一个人的统治和管理之下。我也可以相信,当一个家族成员很多,可以自给自足,并继续聚居而不与其他人混杂(像地广人稀的地方往往发生这种情况)的时候,政府通常起源于父亲。因为,父亲既然基于自然法而与其他一切人享有同样的权力,即在他认为适当时可以处罚违反自然法的任何罪行,因此也就可以处罚他的犯过失的儿女,即使他们业已成人,脱离了他们的被监护期;他们一般也会甘愿受他的处罚,并且全体会同他一起来对付犯罪者,这就授予他以执行处罚任何犯罪的权力,从而事实上使他成为所有那些仍与他的家族结合在一起的人们的立法者和统治者。他是最适宜于被信任的人;父亲的慈爱使他们的财产和利益在他的照料下得到保障;他们在幼年时对他服从的习惯使他们对他比对其他任何人更容易顺从。在群居的人们中间,既然政府是难以避免的,那么如果他们要有一个人来统治他们,除非疏忽、残忍或其他任何的身心缺陷使他不适于这种地位，还有谁能像他们的共同父亲那样合适呢？可是，或者父亲死了，留下的嗣子由于尚未成年，缺乏智慧、勇气或任何其他品质而不适于统治，或者几个家族集合一处，同意继续聚居，这时他们便行使他们的自然自由，选立他们认为最能干和可能最善于统治他们的人为统治者，这是毋庸怀疑的。同这情况相符的，我们看到那些还没有受到秘鲁和墨西哥两大帝国的武力征服和扩张统治的影响的美洲人，依然享有他们自己的自然自由，虽然从另一方面讲，他们通常推戴他们的故王的嗣子；但是，如果他们发现他软弱无能的话，他们就另立最坚毅和最勇敢的人做他们的统治者。

106. 由此可见，虽然我们查考最早的记载所提供给我们的有关聚居的材料和各民族的历史，我们通常发现政府是在一个人的支配之下的；但是这仍不能推翻我所肯定的意见，即：政治社会的创始是以那些要加入和建立一个社会的个人的同意为依据的；当他们这样组成一个整体时，他们可以建立他们认为合适的政府形式。但是，既然这种情况会引起一些人误解，以为政府本来自然是君主制的和属于父亲的，我们就不妨在这里研究一下，为什么人们最初一般采用了这种政府形式。在有些国家最初建立时，也许父亲的优越地位会促使并在最初阶段把权力交给某一个人；但是很明显的是，这种集权于一人的政府形式之所以能够继续，并不是由于对父权有任何敬意或尊重，因为一切小的君主国，即几乎一切君主国，在接近它们的起源时，通常——至少有时——是选任的。

107. 第一，在开始的时候，父亲对其子女在幼年时期的统治，既然使他们习惯于受一人的支配，又使他们知道只要这种统治是在关怀、循循善诱、和蔼和慈爱的情况下对他们行使的，它就足以

取得和保护人们想在社会中寻求的一切政治幸福。怪不得他们要选择和自然而然地采用那种政府形式,因为他们对它从小已经习惯,而且根据经验,觉得它是既便利又安全的。此外,我们还可以说君主制对于人们是最简单明了的,因为当时的经验既没有启示他们以政府的种种形式,也尚未受到帝国的野心或横暴的教训,使他们知道提防特权的侵占或专制权力的骚扰。这些特权和专制权力都是君主政体相沿下来容易主张并施加于人民的。所以当时他们并不费心机去想出一些办法来限制他们赋予权力以支配他们的人的任何专横,以及让政府权力分别由人掌握来平衡政府的权力,这是丝毫不足为奇的。他们既没有经历过暴君的压迫,而时代的风气以及他们的不足构成贪婪或野心对象的财产或生活方式,又使他们没有任何忧虑或防范的理由,因此难怪他们就置身于这种如我所说的最为简单明了而且又最适合他们当时的状态和状况的政体了,因为他们当时的情况是对于防御外侮比对法律的多样性更感需要。一种简单而贫乏的生活方式下的平等既然把他们的欲望局限在各人的少量财产范围内,就很少造成纠纷,因而不需要很多的法律来加以裁决,同时又由于侵害行为和犯罪者为数不多,也就不需要各种官吏来监督法律的程序或负责司法的执行。他们既情投意合而参加了社会,就只能被认为彼此有一些交情和友谊,并且互相信赖,他们彼此间的猜疑定然没有像对外人那样大,所以他们首先注意和考虑的,只能被认为是怎样防御外侮来保障自己。他们置身于一个最能达到这个目的的政体下,推选最贤明和最勇敢的人在他们的战争中指挥他们,领导他们去攻打敌人,而主要在这方面做他们的统治者,这是很自然的事。

108. 因此，我们看到美洲——它仍是亚洲和欧洲原始时代的一种模型，那里地广人稀，人力和财力的缺乏使人们产生不出扩大土地占有的念头，也不致为了扩大土地的范围而引起斗争——的印第安人的国王不过是他们军队的将帅；虽然他们在战争中享有绝对的指挥权，但是在境内和在平时，他们行使很小的统辖权，只有十分有限的主权；和战的决定权通常属于人民或会议，而战争本身既不容许多头领导，就自然会使指挥权归于国王一人。

109. 即就以色列民族本身而论，他们的士师和初期国王的主要任务似乎就是担任战时的将帅和他们的军队的统率者（除从出入时身先民众，即出征和归来时都在队伍前面这一点可以看出以外），这在耶弗他的故事中说得很明白。亚扪人起兵攻打以色列，基列族害怕起来，派人去请耶弗他回来。耶弗他本是基列族的私生子，被他们撵走的。这时他们与他立约，如果他愿意帮助他们抵抗亚扪人，就立他做他们的统治者。这件事情《圣经》里用这样的话来记载："百姓就立耶弗他做领袖、做元帅"（《旧约》士师记，第十一章，第十一节），在我们看来，这就是等于立他做士师。所以《圣经》又说，"他做以色列的士师"（《旧约》士师记，第十二章，第七节），也就是说他做他们的将帅有六年之久。又例如当约坦责备示剑人对曾是他们的士师和统治者的基甸忘恩背义时，他对他们说："从前我父冒死为你们争战，救了你们脱离米甸人的手"（《旧约》士师记，第九章，第十七节）。除了提到他曾充当将帅以外，没有提到其他；的确，这就是在他的历史中或其他任何士师的历史中所能看到的一切。亚比米勒特别被称为国王，但至多他只是示剑人的将帅。以色列的百姓因为厌弃撒母耳的儿子的恶行，需要立一个国

王,“像列国一样,有王治理他们,统领他们,为他们争战”(《旧约》撒母耳记上,第八章,第二十节),这时上帝答应了他们的要求,对撒母耳说:“我必使一个人到你这里来,你要膏他做我民以色列的君,他必救我民脱离非利士人的手”(前书,第九章,第十六节)。似乎国王的惟一任务就是率领他们的军队,为保卫他们而战。因此,在扫罗登位时,撒母耳拿瓶膏油倒在扫罗的头上,对他声言:“耶和华膏他做他产业的君”(前书,第十章,第一节)。所以当以色列各族在米斯巴庄严地推选并欢呼扫罗为国王之后,那些不愿意立他为国王的人也只提出这样的话来反对:“这人怎能救我们呢?”(前书,第十章,第二十七节)似乎他们的本意是要说:“这人不适于做我们的王,他在战争中并无策略和才干足以保卫我们。”及至上帝已决定把统治权移交大卫时,有这样的话:“现在你的王位必不长久,耶和华已经寻着一个合他心意的人,立他做百姓的君”(前书,第十三章,第十四节)。似乎国王的全部威权无非是做他们的将帅;因此,那些仍忠于扫罗家族和反对大卫登位的以色列各族带着顺服的条件来到希伯仑那里,他们除了别的理由之外,告诉他说,他们不得不像服从他们的国王一样服从他,因为在扫罗的时候,他事实上已是他们的国王,所以他们现在没有理由不奉他做国王。他们说:“从前扫罗做我们王的时候,率领以色列人出入的是你,耶和华也曾应许你说,你必牧养我的民以色列,做以色列的君”(《旧约》撒母耳记下,第五章,第二节)。

110. 因此,一个家族逐渐成长为一个国家,父亲的权威由长子承袭下去,在这个权威下长大的每个人默认地对他顺从,而这种统治的顺利和平等并不妨害任何人,每个人都老老实实地表示同

意，直到后来通过时间的考验似乎把它确立了，并以法律的形式确定了承继的权利；或者是，几个家族的后裔因偶然的机缘、居地的接近或事务联系聚在一起，联合成为社会——无论是哪一种情况，由于人们在战时需要一位能干的将军替他们防御敌人，以及在这艰苦而有道德的时代里天真和诚实使人们彼此有深厚的信赖（世界上能够存在下来的政府在开始时几乎都有这样的情况），这就使国家的最初创始者们通常把统治权放在一个人的手里，除了事情的本质和政府的目的所需要者外，没有其他任何明白的限制或约束。不论是哪一种情况使当初统治权属于一人，可以肯定说，它之所以交付给某一个人，只是为了公众的福利和安全；而在国家的幼年时代，享有统治权的人通常都是为了这些目的而行使统治权的。除非他们这样做，年轻的社会就不可能存在下去。如果没有这种保姆式的父亲关心和审慎安排公共福利，一切政府都会因为它们幼年时代的孱弱而消亡，而君主和人民不久就会同归于尽。

111. 纵然这黄金时代（在虚荣的野心、恶劣的占有欲和歪风邪念腐蚀人心，使权力和荣誉的真正意义被曲解之前）具有更多的美德，因而有较好的统治者和不甚恶劣的臣民；并且当时一方面没有不断扩张的特权来压制人民，另一方面对于权利也没有任何争执以减削或限制官长的权力，因而在统治者和人民之间不发生关于统治者或政府问题的斗争。[①] 可是到了后世，统治者在野心和奢侈的怂恿下，想要保持和扩大权力，不去做人们当初授权给他时

① “最初，在选定某种类型的统治时，可能当时并未再进一步思考关于统治的方式，但是最后他们根据经验，感到听任统治者凭他的智慧和自由裁量来支配一切，在各方面都很不便，他们所策划的补救办法，反而增加了它应该治疗的创伤。他们（接下页）

要他办的事情,加之谄媚逢迎使君主认为具有与其人民截然不同的利益,于是人们发觉有必要更加审慎地考察政权的起源和权利,并找出一些办法来限制专横和防止滥用权力。他们原来把这权力交托给另一个人,目的是为他们自己谋福利,而现在却发觉被用来损害他们了。

112. 由此可见,完全可能的是,天生自由的人们根据他们自己的同意,顺从他们父亲的统治,或由不同的家族联合而成立一个政府,他们一般地把统治权交给一人掌握,自愿受一人治理,既认为权力在他的诚笃和精明的掌握下相当安全,就没有以明白的条件加以限制或控制,虽然他们从未梦想到君主政体是神授的权利这一说法,而这种说法在近代神学还没有把它向我们启示以前,人们是从来没有听见过的;他们也从来没有容许过父权可以享有一种统辖的权利或成为一切政权的基础。可见有很多证据足以证明,就历史来看,我们有理由断定政权的一切和平的起源都是基于人民的同意的。我之所以说和平的,是因为我在下文将谈到征服,而有些人认为征服是创立政府的一个途径。

对于我所阐述的政府的起源的另一种反对意见,我觉得是这样的,即:

113. 一切人既生来都处在这个或那个政府之下,任何人就不可能自由和随意地联合起来创立一个新的政府,或具有条件建立一个合法的政府。

(接上页)看到受一个人的意志的支配,成为一切人的痛苦的原因。这就迫使他们制定法律,让所有的人在法律中事前看到他们的义务,并且知道违犯法律将受到什么处罚。”——胡克尔(《宗教政治》,第一卷,第十节)

如果这个论点是对的话，试问世界上如何会有那么多合法的君主国呢？因为，如果有人根据这个假说，能够向我证明有任何一个人在这个世界的任何时代，可以自由地创建一个合法的君主政体，那么，我当然就不得不对他指出有十个其他的自由人自由地联合起来创建一个君主政体或任何其他形式的新政府；不言而喻，如果一个生来受另一个人统辖的人可以这样地自由，以至享有权利建立另一个新的王国去支配别人，那么，每一个生来受另一个人统辖的人也可以那样自由，而成为另一个政府的统治者或者臣民了。因此，依照他们自己的这个原则来说，或者是，人们不论出生情况如何都是自由的，或者是，全世界只有一个合法的君主、一个合法的政府。那么，他们不用再费唇舌，只要向我们交代两者之中哪一个是正确的就行了；当他们指出以后，我深信全体人类都会毫不踌躇地同意对他表示遵从的。

114. 虽然这已足够回答他们的反对论点，证明这个论点使他们陷于他们用以反对的那些人所陷入的同样的困境，但是我仍将努力对这一论点的弱点稍稍作进一步的揭露。

他们说："一切人都生来处于政府之下，因此他们不能随意开始创立一个新的政府。每一个人生来就是他的父亲或君主的臣民，因此他处在臣服和忠顺的永久束缚之下。"很明显，人类从未承认或考虑过任何这种他们生来就处在的自然的臣服状态，未经他们的同意就使他们受制于这个或那个人，对这些人和他们的后嗣臣服。

115. 因为，不论在圣史或俗史中都没有比这再常见的事例，那就是人们从他们生来就受的管辖权和在其中成长的家族或社会中退出,不再服从,而在别的地方建立新的政府。这一情况产生了历史初期的无数小国,而且只要那时有足够的地方,就总是不断增加,直到较强或较幸运的国家吞并了弱小的国家为止,而那些大国又再分裂成许多小的国家。这一切都是父权统治权的反证,清楚地证明最初构成政府的不是父亲的自然权利的世代传袭,因为,基于这种论点就不可能有那么多的小王国。如果人们当时没有随意地脱离他们的家族和不论任何性质的政府,并依照他们所认为合适的形式建立不同的国家和其他政府,那么必然只会有一个统括全世界的君主国了。

116. 这是从古至今的世界的实践。对于那些生来就处在具有既定法律和固定政体的被组织起来的古老的国家之下的人们来说,现在人类的自由,比起那些生在森林中同无拘无束的野人共处的人们来,并不受到更多的限制。因为,那些要我们相信我们既生来就处在任何政府之下,因而自然就是它的臣民,不再有任何权利或借口享有自然状态的自由这种说法的人们,提不出其他理由(除了我们已经答复过的父权的理由之外),而作为论点的根据的,只是因为我们的父亲或祖先放弃了他们的自然自由,从而使他们自己和他们的后裔永久受制于他们自己所服从的政府。诚然,任何人对于他自己所作的任何约定或诺言有履行的义务,但不能以任何契约约束其儿女或后裔。这是因为,儿子成年时完全像他的父亲一样自由,父亲的任何行为都不能断送儿子的自由,正如它不能断送任何别人的自由那样。固然,他可以把某些条件附加在他作为任何国家的一个臣民所享有的土地之上,从而强制他的儿子做那个国家的臣民,如果他想享受他父亲的财产的话,因为那种地产既是父亲的财产，父亲就可以随意处理或附加条件。

117. 这一点通常引起人们对于这个问题的误解：由于国家既不容许分裂它领土的任何部分或为其人民以外的任何人所享有，儿子就只有在他父亲所处的同样条件下，即成为该社会的一个成员，才能通常地享有他父亲的财产；这样，他就像那个国家的任何其他臣民一样，立即使自己从属于那个他发觉其为业已建成的政府。由此可见，生来处在政府之下的自由人的同意使他们成为国家的成员，而这种同意是各人在达到成年时各自分别表示的，而不是大家一起表示的，所以人们就不注意这一事实，并且以为这种同意根本没有表示过或并无必要，就断言他们自然就是臣民，如同他们自然就是人一样。

118. 可是，很明显，政府自身对于这个问题并不是这样理解的。政府并不因为对于父亲享有权力便主张对于儿子也享有权力；同样地，它们并不因为父亲是它们的臣民便把儿女也视为臣民。如果英国的一个臣民在法国同一个英国妇女生了一个孩子，这个孩子是谁的臣民呢？他不是英国国王的臣民，因为他必须得到许可方可获得作为英国臣民的权利；他也不是法国国王的臣民，因为如果是的话，他的父亲怎么可以随便把他带走和随意教养他呢？无论是谁，如果他离开或对一个国家作战，就可以单单因为他出生在这国家时他的父母在那里是外国人而被判为叛逆或逃亡者吗？显然，无论基于政府本身的实践或基于正当理性的法则，一个孩子生来并不就是国家或政府的一个臣民。在他到达成年以前，他处在他父亲的教养和权威之下，到了成年，他便是一个自由人，可以随意地使自己处在哪个政府之下，加入哪个国家。因为，如果一个在法国出生的英国人的儿子可以有自由,可以这样做,那么显而易见,他的父亲是英国的臣民这一点对他并无拘束,他也不受他的祖先所订立的任何契约的约束。那么,他的儿子纵然生在任何别的地方,为什么不能根据同样的理由享有同样的自由呢?因为,不论儿女生在什么地方,父亲自然地享有的支配他们的权力是一样的,而自然的义务关系是不受王国和国家的具体疆界的限制的。

119. 有如上文所述,既然一切人自然都是自由的,除他自己同意以外,无论什么事情都不能使他受制于任何世俗的权力,那么我们就可以料想,究竟什么才算是一个人同意受制于任何政府的法律的充分表示。通常有明白的同意和默认的同意的区别,这是与我们所研究的问题有关的。惟有明白同意加入任何社会才使任何人成为该社会的正式成员、该政府的臣民,这是不容怀疑的。困难的问题在于应该把什么举动看作是默认的同意以及它的拘束力多大——即是说,当一个人根本并未作出任何表示时,究竟怎样才可以认为他已经同意,从而受制于任何政府。对于这个问题,我可以这样说,只要一个人占有任何土地或享用任何政府的领地的任何部分,他就因此表示他的默认的同意,从而在他同属于那个政府的任何人一样享用的期间,他必须服从那个政府的法律。这不管他所占有的是属于他和他的子子孙孙的土地,或只是一星期的住处,或只是在公路上自由地旅行;事实上,只要身在那个政府的领土范围以内,就构成某种程度的默认。

120. 为了更好地理解这一点,不妨认为每一个人最初加入一个国家时,通过使自己加入这个国家的行为,他也把已有的或将要取得的而不曾属于其他任何政府的财产并入并隶属这个共同体。

因为，任何人既然为了保障和规定财产权而和其他人一起加入社会，却又认为其财产权理应由社会的法律来加以规定的他的土地，可以不受他作为土地所有人而身为其臣民的该政府的管辖权的约束，这简直是一种直接的矛盾。因此，任何人把本属自由的本身加入任何国家，他也就通过同一行为把本属自由的财产加入了这个国家，而只要这个国家继续存在，他本身和他的财产就一直受制于这个国家的统治和支配。所以，任何人此后以继承、购买、许可或其他方法享用这样地归并于那个国家并受其管辖的土地的任何部分，必须接受支配该土地的条件才能加以占有，也就是顺从对该土地有管辖权的那个国家的政府，如同它的任何臣民那样。

121. 但是，既然政府只对土地拥有直接的管辖权，而且只是当它的占有人（在他事实上使自己加入这个社会以前）居住在这块土地上和享用它的时候，才及于他本人，那么任何人由于这种享用而承担的受制于政府的义务，就和这种享用共始终。因此，当只对政府表示这种默认同意的土地所有人以赠与、出售或其他方法出脱上述土地时，就可以随意去加入其他任何国家或与其他人协议，在“空的地方”，在他们能够找到的空旷和尚未被占有的世界的任何部分，创建一个新的国家。至于凡是以明确的同意和明白的声明表示他同意属于任何国家的人，他就永远地和必然地不得不成为、并且始终不可变更地成为它的臣民，永远不能再回到自然状态的自由中去，除非他所属的政府遭受任何灾难而开始解体，或某些公共行为使他不能再继续成为国家的一个成员。

122. 但是，服从一个国家的法律，在法律之下安静地生活和享受权利和保护，并不足以使一个人成为那个社会的成员。这只

是对于那些不处在战争状态中的人们,在他们来到属于政府的领土之内,来到其法律效力所及的范围之内时,所应该给予的地方保护,以及他们对该政府所应尽的尊礼。不过,这并不使他成为那个社会的一个成员、那个国家的一个永久臣民,虽然当他继续在那里的时候,他必须遵守法律和服从那里的政府,正如一个人为了方便而暂时寄居在另一个人的家里,并不能使他从属于那个人一样。所以我们看到,那些终身在另一个政府之下生活并享受它的权利和保护的外国人,尽管他们甚至在良心上不得不像任何公民一样服从它的管理,却并不因此成为该国的臣民或成员。除了通过明文的约定以及正式的承诺和契约,确实地加入一个国家之外,没有别的方式可以使任何人成为那个国家的臣民或成员。我所认为的关于政治社会的起源,以及使任何人成为任何国家的一个成员的同意,就是如此。

第九章　论政治社会和政府的目的

123. 如果人在自然状态中是如前面所说的那样自由，如果他是他自身和财产的绝对主人，同最尊贵的人平等，而不受任何人的支配，为什么他愿意放弃他的自由呢？为什么他愿意丢弃这个王国，让自己受制于其他任何权力的统辖和控制呢？对于这个问题，显然可以这样回答：虽然他在自然状态中享有那种权利，但这种享有是很不稳定的，有不断受别人侵犯的威胁。既然人们都像他一样有王者的气派，人人同他都是平等的，而大部分人又并不严格遵守公道和正义，他在这种状态中对财产的享有就很不安全、很不稳妥。这就使他愿意放弃一种尽管自由却是充满着恐惧和经常危险的状况；因而他并非毫无理由地设法和甘愿同已经或有意联合起来的其他人们一起加入社会，以互相保护他们的生命、特权和地产，即我根据一般的名称称之为财产的东西。

124. 因此，人们联合成为国家和置身于政府之下的重大的和主要的目的，是保护他们的财产；在这方面，自然状态有着许多缺陷。

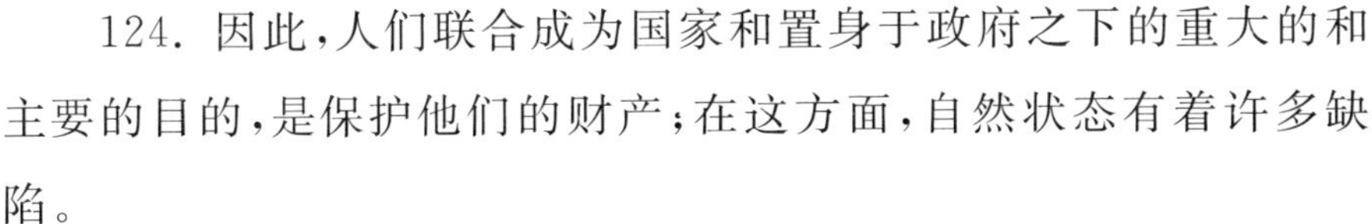

第一，在自然状态中，缺少一种确定的、规定了的、众所周知的法律，为共同的同意接受和承认为是非的标准和裁判他们之间一

切纠纷的共同尺度。因为,虽然自然法在一切有理性的动物看来,是既明显而又可以理解的,但是有些人由于利害关系而存偏见,也由于对自然法缺乏研究而茫然无知,不容易承认它是对他们有拘束力的法律,可以应用于他们各自的情况。

125. 第二,在自然状态中,缺少一个有权依照既定的法律来裁判一切争执的知名的和公正的裁判者。因为,既然在自然状态中的每一个人都是自然法的裁判者和执行者,而人们又是偏袒自己的,因此情感和报复之心很容易使他们超越范围,对于自己的事件过分热心,同时,疏忽和漠不关心的态度又会使他们对于别人的情况过分冷淡。

126. 第三,在自然状态中,往往缺少权力来支持正确的判决,使它得到应有的执行。凡是因不公平而受到损害的人,只要他们有能力,总会用强力来纠正他们所受到的损害;这种反抗往往会使惩罚行为发生危险,而且时常使那些企图执行惩罚的人遭受损害。

127. 这样,人类尽管在自然状态中享有种种权利,但是留在其中的情况既不良好,他们很快就被迫加入社会。所以,我们很少看到有多少人能长期在这种状态中共同生活。在这种状态中,由于人人有惩罚别人的侵权行为的权力,而这种权力的行使既不正常又不可靠,会使他们遭受不利,这就促使他们托庇于政府的既定的法律之下,希望他们的财产由此得到保障。正是这种情形使他们甘愿各自放弃他们单独行使的惩罚权力,交由他们中间被指定的人来专门加以行使;而且要按照社会所一致同意的或他们为此目的而授权的代表所一致同意的规定来行使。这就是立法和行政权力的原始权利和这两者之所以产生的缘由,政府和社会本身的起源也在于此。

128. 因为，在自然状态中，个人除掉有享受天真乐趣的自由之外，有两种权力。

第一种就是在自然法的许可范围内，为了保护自己和别人，可以做他认为合适的任何事情；基于这个对全体都适用的自然法，他和其余的人类同属一体，构成一个社会，不同于其他一切生物。如果不是由于有些堕落的人的腐化和罪恶，人们本来无须再组成任何社会，没有必要从这个庞大和自然的社会中分离出来，以明文协议去结成较小的和各别的组合。

一个人处在自然状态中所具有的另一种权力，是处罚违反自然法的罪行的权力。当他加入一个私人的（如果我可以这样称它的话）或特定的政治社会，结成与其余人类相判分的任何国家的时候，他便把这两种权力都放弃了。

129. 第一种权力，即为了保护自己和其余人类而做他认为合适的任何事情的权力，他放弃给社会，由它所制定的法律就保护他自己和该社会其余的人所需要的程度加以限制。社会的这些法律在许多场合限制着他基于自然法所享有的权利。

130. 第二，他把处罚的权力完全放弃了，并且按社会的法律所需要的程度，应用他的自然力量（以前，他可以基于他独享的权威，于认为适当时应用它来执行自然法）来协助社会行使执行权。因为他这时既然处在新的状态中，可以从同一社会的其他人的劳动、帮助和交往中享受到许多便利，又可以享受社会的整个力量的保护，因此他为了自保起见，也应该根据社会的幸福、繁荣和安全的需要，尽量放弃他的自然权利。这不仅是必要的，而且是公道的,因为社会的其他成员也同样是这样做的。

131. 但是,虽然人们在参加社会时放弃他们在自然状态中所享有的平等、自由和执行权,而把它们交给社会,由立法机关按社会的利益所要求的程度加以处理,但是这只是出于各人为了更好地保护自己、他的自由和财产的动机(因为不能设想,任何理性的动物会抱着每况愈下的目的来改变他的现状),社会或由他们组成的立法机关的权力绝不容许扩张到超出公众福利的需要之外,而是必须保障每一个人的财产,以防止上述三种使自然状态很不安全、很不方便的缺点。所以,谁握有国家的立法权或最高权力,谁就应该以既定的、向全国人民公布周知的、经常有效的法律,而不是以临时的命令来实行统治;应该由公正无私的法官根据这些法律来裁判纠纷;并且只是对内为了执行这些法律,对外为了防止或索偿外国所造成的损害,以及为了保障社会不受入侵和侵略,才得使用社会的力量。而这一切都没有别的目的,只是为了人民的和平、安全和公众福利。

第十章　论国家的形式

132. 正如上面已经表明过的，当人们最初联合成为社会的时候，既然大多数人自然拥有属于共同体的全部权力，他们就可以随时运用全部权力来为社会制定法律，通过他们自己委派的官吏来执行那些法律，因此这种政府形式就是纯粹的民主政制；或者，如果把制定法律的权力交给少数精选的人和他们的嗣子或继承人，那么这就是寡头政制；或者，如果把这权力交给一个人，那么这就是君主政制；如果交给他和他的嗣子，这就是世袭君主制；如果只是交给他终身，在他死后，推定后继者的权力仍归于大多数人，这就是选任君主制。因此，依照这些形式，共同体可以就他们认为适当的，建立复合的和混合的政府形式。如果立法权起初由大多数人交给一人或几人仅在其终身期内或一定限制内行使，然后把最高权力仍旧收回，那么，在权力这样重新归属他们时，共同体就可以把它重新交给他们所属意的人，从而组成一个新的政府形式。政府的形式以最高权力，即立法权的隶属关系而定，既不可能设想由下级权力来命令上级，也不能设想除了最高权力以外谁能制定法律，所以，制定法律的权归谁这一点就决定国家是什么形式。

133. “commonwealth”一字，我在本文中前后一贯的意思应当被理解为并非指民主制或任何政府形式而言，而只是指任何独

立的社会。拉丁人以“civitas”一字来指明这种社会,在我们的语言中同这字最相当的,是“commonwealth”一字。它最确切地表达人们的那样一种社会,而英语的“community”(共同体)或“city”(城市)都不恰当。因为在一个政府之下可以附属有各种共同体,而城市,对我们说来,具有与“commonwealth”完全不同的概念。因此为了避免意义含糊起见,我请求读者允许我用“commonwealth”来表达。我发现詹姆士一世曾经在这意义上用过这字,我认为这是这个字的真正意义。如果谁不喜欢这个字,我同意他用一个更好的字来代替它。

第十一章　论立法权的范围

134. 既然人们参加社会的重大目的是和平地和安全地享受他们的各种财产，而达到这个目的的重大工具和手段是那个社会所制定的法律，因此所有国家的最初的和基本的明文法就是关于立法权的建立；正如甚至可以支配立法权本身的最初的和基本的自然法，其目的就是为了保护社会以及（在与公众福利相符的限度内）其中的每一成员。这个立法权不仅是国家的最高权力，而且当共同体一旦把它交给某些人时，它便是神圣的和不可变更的；如果没有得到公众所选举和委派的立法机关的批准，任何人的任何命令，无论采取什么形式或以任何权力做后盾，都不能具有法律效力和强制性。因为如果没有这个最高权力，法律就不能具有其成为法律所绝对必需的条件，即社会的同意。除非基于他们的同意和基于他们所授予的权威，没有人能享有对社会制定法律的权力①。因此，任何人受最严肃的约束而不得不表

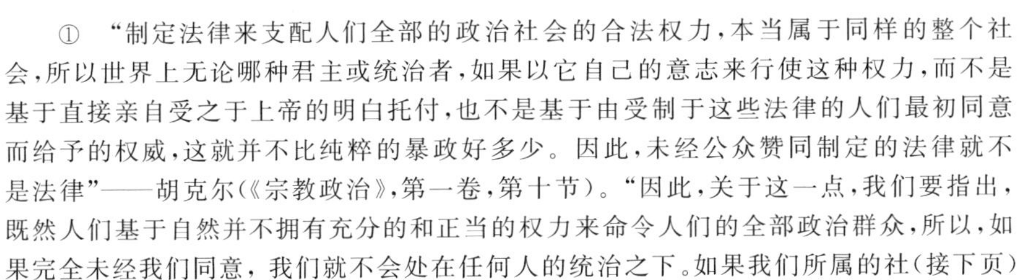

① “制定法律来支配人们全部的政治社会的合法权力，本当属于同样的整个社会，所以世界上无论哪种君主或统治者，如果以它自己的意志来行使这种权力，而不是基于直接亲自受之于上帝的明白托付，也不是基于由受制于这些法律的人们最初同意而给予的权威，这就并不比纯粹的暴政好多少。因此，未经公众赞同制定的法律就不是法律”——胡克尔（《宗教政治》，第一卷，第十节）。“因此，关于这一点，我们要指出，既然人们基于自然并不拥有充分的和正当的权力来命令人们的全部政治群众，所以，如果完全未经我们同意，我们就不会处在任何人的统治之下。如果我们所属的社（接下页）

示的全部服从,最后总是归结到这个最高权力,并受它所制定的法律的指导。对任何外国权力或任何国内下级权力所作的誓言,也不能使任何社会成员解除他对那根据他们的委托而行使权力的立法机关的服从,也不能强使他做到与它所制定的法律相违背的或超过法律所许可的范围的服从。如果想象一个人可以被迫最终地服从社会中并非最高权力的任何权力,那是很可笑的。

135. 立法权,不论属于一个人或较多的人,不论经常或定期存在,是每一个国家中的最高权力,但是,

第一,它对于人民的生命和财产不是、并且也不可能是绝对地专断的。因为,既然它只是社会的各个成员交给作为立法者的那个个人或议会的联合权力,它就不能多于那些参加社会以前处在自然状态中的人们曾享有的和放弃给社会的权力。因为,没有人能把多于他自己所享有的权力转让给别人;也没有人享有对于自己或其他人的一种绝对的专断权力,用来毁灭自己的生命或夺去另一个人的生命或财产。正如业已证明的,一个人不能使自己受制于另一个人的专断权力;而在自然状态中既然并不享有支配另一个人的生命、自由或财产的专断权力,他所享有的只是自然法所给予他的那种保护自己和其余人类的权力;这就是他所放弃或能放弃给国家的全部权力,再由国家把它交给立法权,所以立法机关的权力也不能超出此种限度。他们的权力,在最大范围内,以社会

(接上页)会曾一度表示过我们愿意接受统治,其后又没有以同样的全体协议取消这一同意,那就是我们确实是同意被统治的。

“因此不论哪一种人类的法律都是基于同意才有效的。”——胡克尔(同上书)。

的公众福利为限。[①] 这是除了实施保护以外并无其他目的的权力，所以决不能有毁灭、奴役或故意使臣民陷于贫困的权利。自然法所规定的义务并不在社会中消失，而是在许多场合下表达得更加清楚，并由人类法附以明白的刑罚来迫使人们加以遵守。由此可见，自然法是所有的人、立法者以及其他人的永恒的规范。他们所制定的用来规范其他人的行动的法则，以及他们自己和其他人的行动，都必须符合于自然法、即上帝的意志，而自然法也就是上帝的意志的一种宣告，并且，既然基本的自然法是为了保护人类，凡是与它相违背的人类的制裁都不会是正确或有效的。

136. 第二，立法或最高权力机关不能揽有权力，以临时的专断命令来进行统治，而是必须以颁布过的经常有效的法律[②]并由有资格的著名法官来执行司法和判断臣民的权利。因为，既然自然法是不成文的，除在人们的意识中之外无处可找，如果没有专职的法官，人们由于情欲或利害关系，便会错误地加以引证或应用而

① “公共社会有两个支柱：一个是人们都要求社会生活和合群的自然倾向；另一个是他们明白地或默认地同意有关他们集团生活的方式的秩序。后者我们称为共同福利的法律，它是一个国家的灵魂，这国家的各部分由法律赋予生命，使它团结，并促使它根据公共福利的要求而有所行动。为了人们中间外在的秩序和统治而制定的国家的法律，并非是像应有的那样制定的，除非假定人的意志暗地里是顽固的、反抗的和绝对不肯服从他的天性的神圣法则的。一句话，除非假定人的劣根性比野兽好不了多少，并针对这情况作出规定，以规范人的外部行动，使它们不致妨碍所以要组成社会的公共福利，除非法律做到这种地步，它们便不是完美的。”——胡克尔（《宗教政治》，第一卷，第十节）

② “人类法是指导人类行动的尺度，而这些尺度还有更高的法则来加以规范，这些更高的法则有二：上帝的法条和自然法。所以，人类法必须依照一般的自然法来制定，并且不违背圣经中的任何明文法，否则就制定得不好。”——胡克尔（《宗教政治》，第三卷，第九节）

“强制人们做不方便的事似乎是不合理的。”（同上书，第一卷，第十节）

不容易承认自己的错误。这样的话,自然法便失去了它应有的作用,不能用来决定那些生活在它之下的人们的权利,并保障他们的各种财产,在每人都是自然法和他自己案件的裁判者、解释者和执行者的情况下,尤其是这样;而有理的一方通常只有自己个人的力量可以凭借,就没有足够的实力来防卫自己免受损害,或惩罚犯罪者。为了避免这些在自然状态中妨害人们财产的缺陷,人类便联合成为社会,以便用整个社会的集体力量来保障和保护他们的财产,并以经常有效的规则来加以限制,从而每个人都可以知道什么是属于他自己的。为了达到这个目的,人们才把他们全部的自然权力交给他们所加入的社会,社会才把立法权交给他们认为适当的人选,给予委托,以便让正式公布的法律来治理他们,否则他们的和平、安宁和财产就会仍像以前在自然状态中那样很不稳定。

137. 使用绝对的专断权力,或不以确定的、经常有效的法律来进行统治,两者都是与社会和政府的目的不相符合的。如果不是为了保护他们的生命、权利和财产起见,如果没有关于权利和财产的经常有效的规定来保障他们的和平与安宁,人们就不会舍弃自然状态的自由而加入社会和甘受它的约束。不能设想,如果他们有权力这样做的话,他们竟会有意把支配他们人身和财产的绝对的专断权力交给一个人或较多的人,并给予官长以力量,由他任意地对他们贯彻他的毫无限制的意志。这是要把自己置于比自然状态更坏的境地,在自然状态中,他们还享有保卫自己的权利不受别人侵害的自由,并以平等的力量进行维护权利,不论侵犯是来自个人或集合起来的许多人。可是,如果假定他们把自己交给了一个立法者的绝对的专断权力和意志,这不啻解除了自己的武装,而把立法者武装起来，任他宰割。一个人置身于能支配十万人的官长的权力之下，其处境远比置身于十万个个别人的专断权力之下更为恶劣。有这种支配权的人的实力虽是强大十万倍，但谁也不能保证他的意志会比别人的意志更好。因此，无论国家采取什么形式，统治者应该以正式公布的和被接受的法律，而不是以临时的命令和未定的决议来进行统治。因为，如果以公众的集体力量给予一个人或少数人，并迫使人们服从这些人根据心血来潮或直到那时还无人知晓的、毫无拘束的意志而发布的苛刻和放肆的命令，而同时又没有可以作为他们行动的准绳和根据的任何规定，那么人类就处在比自然状态还要坏得多的状况中。因为，政府所有的一切权力，既然只是为社会谋幸福，因而不应该是专断的和凭一时高兴的，而是应该根据既定的和公布的法律来行使；这样，一方面使人民可以知道他们的责任并在法律范围内得到安全和保障，另一方面，也使统治者被限制在他们的适当范围之内，不致为他们所拥有的权力所诱惑，利用他们本来不熟悉的或不愿承认的手段来行使权力，以达到上述目的。

138. 第三，最高权力，未经本人同意，不能取去任何人的财产的任何部分。因为，既然保护财产是政府的目的，也是人们加入社会的目的，这就必然假定而且要求人民应该享有财产权，否则就必须假定他们因参加社会而丧失了作为他们加入社会的目的的东西；这种十分悖理的事是无论何人也不会承认的。因此，在社会中享有财产权的人们，对于那些根据社会的法律是属于他们的财产，就享有这样一种权利，即未经他们本人的同意，任何人无权从他们那里夺去他们的财产或其中的任何一部分，否则他们就并不享有财产权了。因为，如果别人可以不得我的同意有权随意取走我的所有物，我对于这些东西就确实并不享有财产权。所以，如果以为任何国家的最高权力或立法权能够为所欲为，任意处分人民的产业或随意取走其任何部分，这是错误的想法。如果政府中的立法权，其全部或一部分属于可以改选的议会，其成员在议会解散时与其余的人一样，也受他们国家的共同法律的支配，那就不用担心会发生这种情况。但是，如果在有些政府中，立法权属于一个经常存在的议会，或如同在专制君主国那样归一人掌握，这样就还有危险。他们会认为自己具有不同于社会其余成员的利益，因而会随意向人民夺取，以增加他们的财富和权势。因为，如果支配那些臣民的人有权向任何私人取走其财产中他所属意的部分，并随意加以使用和处置，那么纵然有良好和公正的法律来规定他同一般臣民之间的产权范围，一个人的财产权还是没有保障的。

139. 但是，如上所述，不论由谁掌握的政府，既是为此受有使人们能享有和保障他们的各种财产的这一条件的委托，则君主或议会纵然拥有制定法律的权力来规定臣民彼此之间的财产权，但未经他们的同意，绝不能有权取走臣民财产的全部或一部分。因为，这样就会使他们在事实上根本并不享有财产权了。我们不妨看一下，即使在必要时设立的专制权力，也并非因为它是绝对的所以就是专断的；它仍然受着为什么在某些场合需要绝对权力的理由的限制和必须以达到这些目的为限。只要参照军队纪律的一般运用情况就能了然。因为保护军队从而保护整个国家这一行动，要求绝对服从每一上级官长的命令；他们的命令纵然是极端危险或不合理的，如果不服从它们或对它们表示异议，处死也是应该的。可是，我们看到，尽管一个军曹能够命令一个士兵向炮口前进，或单身扼守阵地，那时这个士兵几乎是注定一死，但是军曹不能命令士兵给他一分钱。同样地，将军有权处死一个放弃职守或不服从孤注一掷的命令的士兵，却不能凭着他的决定生杀的绝对权力，处置这个士兵的产业的一分一厘，或占取他的财物的毫末；尽管他能够命令一切，稍一违抗即可处死。因为这种盲目的服从，对于司令官拥有他的权力的目的，即保护其余的人，是必要的；而处分士兵的财物却与这个目的毫无关系。

140. 诚然，政府没有巨大的经费就不能维持，凡享受保护的人都应该从他的产业中支出他的一份来维持政府。但是这仍须得到他自己的同意，即由他们自己或他们所选出的代表所表示的大多数的同意。因为如果任何人凭着自己的权势，主张有权向人民征课赋税而无须取得人民的那种同意，他就侵犯了有关财产权的基本规定，破坏了政府的目的。因为，如果另一个人可以有权随意取走我的东西，那么我还享有什么财产权呢？

141. 第四，立法机关不能把制定法律的权力转让给任何他人；因为既然它只是得自人民的一种委托权力，享有这种权力的人就不能把它让给他人。只有人民才能通过组成立法机关和指定由谁来行使立法权，选定国家的形式。当人民已经表示愿意服从规定，受那些人所制定的和采取那些形式的法律的支配时，别人就不能主张其他人可以替他们制定法律。他们除了只受他们所选出的并授以权力来为他们制定法律的人们所制定的法律的约束外，不受任何其他法律的约束。

142. 这些就是社会授与他们的委托以及上帝和自然法对于

各种政体下的每一国家的立法机关的权力所加的限制:

第一,它们应该以正式公布的既定的法律来进行统治,这些法律不论贫富、不论权贵和庄稼人都一视同仁,并不因特殊情况而有出入。

第二,这些法律除了为人民谋福利这一最终目的之外,不应再有其他目的。

第三,未经人民自己或其代表同意,决不应该对人民的财产课税。这一点当然只与这样的政府有关,那里立法机关是经常存在的,或者至少是人民没有把立法权的任何部分留给他们定期选出的代表们。

第四,立法机关不应该也不能够把制定法律的权力让给任何其他人,或把它放在不是人民所安排的其他任何地方。

第十二章 论国家的立法权、执行权和对外权

143. 立法权是指享有权利来指导如何运用国家的力量以保障这个社会及其成员的权力。由于那些必须经常加以执行和它们的效力总是持续不断的法律,可以在短期内制定,因此,立法机关既不是经常有工作可做,就没有必要经常存在。并且如果同一批人同时拥有制定和执行法律的权力,这就会给人们的弱点以绝大诱惑,使他们动辄要攫取权力,借以使他们自己免于服从他们所制定的法律,并且在制定和执行法律时,使法律适合于他们自己的私人利益,因而他们就与社会的其余成员有不相同的利益,违反了社会和政府的目的。因此,在组织完善的国家中,全体的福利受到应得的注意,其立法权属于若干个人,他们定期集会,掌握有由他们或联同其他人制定法律的权力,当法律制定以后,他们重新分散,自己也受他们所制定的法律的支配;这是对他们的一种新的和切身的约束,使他们于制定法律时注意为公众谋福利。

144. 但是,由于那些一时和在短期内制定的法律,具有经常持续的效力,并且需要经常加以执行和注意,因此就需要有一个经常存在的权力,负责执行被制定和继续有效的法律;所以立法权和执行权往往是分立的。

145. 每个国家还有另一种权力，可以称之为自然的权力，因为它与加入社会以前人人基于自然所享有的权力相当。因为在一个国家中，以成员彼此之间的关系而论，虽仍是不同的个人，并以这种地位受社会的法律的统治，但是，以他们同其余的人类的关系而论，他们构成一个整体，这个整体如同它的每个成员在以前那样，仍同其余的人类处在自然状态中。因此，社会的任何成员与社会以外的其他人之间的纠纷，是由公众来解决的；而对于他们整体的一员所造成的损害，使全体都与要求赔偿有关。所以，从这方面考虑，整个社会在与其他一切国家或这个社会以外的人们的关系上，是处在自然状态的一个整体。

146. 因此，这里包括战争与和平、联合与联盟以及同国外的一切人士和社会进行一切事务的权力；如果愿意的话，可以称之为对外权。只要对这事能够理解，我对于名称并无成见。

147. 执行权和对外权这两种权力，虽然本身确是有区别的，但是前者包括在社会内部对其一切成员执行社会的国内法，而后者是指对外处理有关公共的安全和利益的事项，其中包括一切可以得到的利益或受到的损害在内，但是这两种权力几乎总是联合在一起的。这种对外权行使得适当与否，对于国家虽有重大影响，但是比起执行权来，远不能为早先规定的、经常有效的明文法所指导，所以有必要由掌握这种权力的人们凭他们的深谋远虑，为了公共福利来行使这种权力。至于涉及臣民彼此之间的关系的法律，它们既是为了指导他们的行动，就很可以预为制定。但是对于外国人应该怎样做，既然在很大程度上要看外国人的行动以及企图和兴趣的变动而定，就必须大部分交由赋有这种权力的人们的智谋来决定，凭他们的才能所及为国家谋利益。

148. 虽然，正如我所说的，每个社会的执行权和对外权本身确是有区别的，但是它们很难分开和同时由不同的人所掌握；因为两者的行使既然都需要社会的力量，那么把国家的力量交给不同的和互不隶属的人们，几乎是不现实的；而如果执行权和对外权掌握在可以各自行动的人的手里，这就会使公共的力量处在不同的支配之下，迟早总会导致纷乱和灾祸。

第十三章　论国家权力的统属

149. 在一个建立在自己的基础之上并按照自己的性质，即为了保护社会而行动的有组织的国家中，虽然只能有一个最高权力、即立法权，其余一切权力都是而且必须处于从属地位，但是立法权既然只是为了某种目的而行使的一种受委托的权力，当人民发现立法行为与他们的委托相抵触时，人民仍然享有最高的权力来罢免或更换立法机关；这是因为，受委托来达到一种目的的权力既然为那个目的所限制，当这一目的显然被忽略或遭受打击时，委托必然被取消，权力又回到当初授权的人们手中，他们可以重新把它授予他们认为最有利于他们的安全和保障的人。因此，社会始终保留着一种最高权力，以保卫自己不受任何团体，即使是他们的立法者的攻击和谋算；有时候他们由于愚蠢或恶意是会对人民的权利和财产有所企图和进行这些企图的。因为任何人或人们的社会并无权力把对自己的保护或与此相应的保护手段交给另一个人，听凭他的绝对意志和专断统辖权的支配。当任何人想要使他们处于这种奴役状况时，他们总是有权来保护他们没有权力放弃的东西，并驱除那些侵犯这个根本的、神圣的和不可变更的自卫法的人们，而他们是为了自卫才加入社会的。所以可以说，共同体在这方面总是最高的权力，但是这并不能在任何政体下被认为是这样，因为人民的这种最高权力非至政府解体时不能产生。

150. 在一切场合，只要政府存在，立法权是最高的权力，因为谁能够对另一个人制定法律就必须是在他之上。而且，立法权之所以是社会的立法权，既然是因为它有权为社会的一切部分和每个成员制定法律，制定他们的行动的准则，并在法律被违反时授权加以执行，那么立法权就必须是最高的权力，社会的任何成员或社会的任何部分所有的其他一切权力，都是从它获得和隶属于它的。

151. 在有些国家中，立法机关不是常设的，执行权属于单独一个人，他也参与立法。在这种场合，广义说来，他也可被称为至高无上的权力者。这并不是因为他本身握有一切最高的制定法律的权力，而是因为他握有最高的执行权，所有下级官吏都从他那里得到各别的或至少其最大部分的从属性权力；而且在他上面既无立法机关，就没有不得他的同意而制定的法律，而且不可能期望他同意受制于立法机关的其他部分，所以在这个意义上说他是至高无上，是十分恰当的。可是，必须注意的是，宣誓效忠虽是向他作出的，却不是对他作为最高的立法者，而是对他作为同别人以联合权力所制定的法律的最高的执行者而作出的。至于效忠，它只是根据法律的服从，如果他自己违犯法律，他就没有要人服从的权利，而且他之所以能够要求别人服从，不外因为他是被赋有法律权力的公仆，因而他应该被看作是国家的象征、表象或代表，依照国家的法律所表示的社会意志而行动。所以他没有意志、没有权力，有的只是法律的意志、法律的权力。但是，当他不担任这种代表，离开公共意志而凭他私人意志行动时，他便降低自己的地位，只成为一个有权要人服从的没有权力、没有意志的个人，因为社会成员

除服从社会的公共意志而外，并无其他服从的义务。

152. 如果执行权不是属于同时参与立法的人，而归属任何其他地方，它显然是受立法机关的统属并对立法机关负责的，而且立法机关可以随意加以调动和更换。因此，免于隶属别人的不是最高的执行权，而只有当最高执行权属于参与立法权的人的场合才是这样。他既参与立法，则除他所参加和同意的立法机关以外，他并不从属于其他更高的立法机关和对之负责。所以，只有他自己认为适当时才从属于人，但是这种场合可以断定是极少的。至于一个国家的其他辅助性的和从属性的权力，我们不必谈及，因为它们随着各国习惯和组织的不同而互有差别，要把它们一一细述是不可能的。有关这方面，我们只就本文所需要的加以指出，即它们除了基于明文特许和委任而获得的权威之外，没有别的权威，而且它们都对国家中的其他某种权力负责。

153. 立法机关没有经常存在的必要，而且经常存在也是不方便的；但执行机关的经常存在却是绝对必要的，因为并不经常需要制定新的法律，而执行所制定的法律却是经常需要的。当立法机关把执行他们所制定的法律的权力交给别人之后，他们认为有必要时仍有权加以收回和处罚任何违法的不良行政。对外权的情况也是这样，它和执行权同是辅助和隶属于立法权的，而立法权，正如前述，在一个有组织的国家中，是最高的权力。在这场合，立法机关还应当包含几个人（因为，如果它是单独一个人，它就不得不经常存在，因而它作为最高权力，自然就同时拥有立法权和最高执行权），他们可以根据他们原来的组织法所规定的或在他们休会时所指定的时间，或当两者都未指定任何时间或并未规定其他方法召集他们时，在他们认为合适的时间集会和行使他们的立法权。因为，既然最高的权力是由人民授予他们的，它就是经常由他们掌握的，他们可以在他们认为合适的时间行使这一权力，除非他们根据原来的组织法，只能在一定期间行使权力，或者根据他们最高权力的一种行为，已经决定休会到某一个时候，而当这一时间到来时，他们有权再行集会和行使职权。

154. 如果立法机关或它的任何部分是由人民选出的代表组成，他们在一定期间充当代表，期满后仍恢复臣民的普通地位，而除非重新当选，就不能参与立法机关，那么，这种选举权也必须由人民在指定时间或当他们被召集参加选举立法机关时行使。在后一场合，召集立法机关的权力通常属于执行机关，在时间上受两项之一的限制：或者是原来的组织法规定立法机关每隔一定期间集会和行使职权，这样的话，执行权只是从行政上发出指令，要求依照正当形式进行选举和集会；或者是根据情况或公众的要求需要修改旧法律或制定新法律，或有必要消除或防止加于人民或威胁人民的任何障碍时，由执行权审慎决定通过举行新的选举来召集他们。

155. 也许有人提出这样的问题：执行权既握有国家的实力，如果它利用这种力量来阻碍立法机关根据原来的组织法或公众要求进行集会和行使职权，这又怎么办呢？我可以说，滥用职权并违反对他的委托而施强力于人民，这是与人民为敌，人民有权恢复立法机关，使它重新行使权力。因为，人民设置一个立法机关，其目的在于使立法机关在一定的时间或在有需要时行使制定法律的权力，如果他们为强力所阻，以致不能行使这一对社会如此必要的、关系到人民的安全和保护的权力,人民便有权用强力来加以扫除。在一切情况和条件下,对于滥用职权的强力的真正纠正办法,就是用强力对付强力。越权使用强力,常使使用强力的人处于战争状态而成为侵略者,因而必须把他当作侵略者来对待。

156. 召集和解散立法机关的权力虽然属于执行机关,却并不使执行机关高于立法机关,而只是因为人类事务变幻无常,不能适用一成不变的规定,为了人民的安全而给以的一种委托。因为,最初创建政府的人不可能有先见之明,充分料到未来的事件,能为未来长时期内的立法机关集会的召开和开会期限预定出适当的期间,完全适合于国家的一切急需,因此,对于这种缺陷的最好的补救办法是把这事委托给一个经常存在和负责照管公众福利的人,由他来审慎地作出决定。立法机关的经常集会和没有必要的长时间持续的集会对于人民不能不说是一个负担,有时还会引起更危险的不利情况;不过,事情的急剧转变有时又会需要他们的及时助力。延期召集会议也许会使公众受到危险,有时他们的任务很重,有限的开会时期难以保证完成他们的工作,结果使公众得不到只能靠他们的深思熟虑才能得到的好处。那么在这场合,除了把这事委托给一些经常在职和熟悉国家情况的人们来审慎地作出决定,利用这种特权为公众谋福利之外,还有什么办法可以避免使社会由于立法机关召集会议和行使职权有一定期间,随时随地遭到临时发生的这样或那样事情的危险呢?这事如果不授权给一个本来接受委托为同一目的而执行法律的人,还能授权给谁呢?因此,假如原来的组织法对于立法机关召集会议的时间和开会期限没有加以规定,那么这事就自然落在执行机关的手中,但这并不是一种随心所欲的专断权力,而

是负有这一委托，即必须根据当时情势和事态变迁的要求，只是为了公共福利来行使这一权力。究竟是立法机关有确定的召集期间好，还是授权君主随时召集立法机关好，或者还是两者混用好，我不想在这里加以探讨。我只想指出，纵然执行权拥有召开和解散立法机关会议的特权，但是它并不因此高于立法机关。

157. 尘世的事物总是不断地发生变迁，没有一件事物能长期处在同一状态中。因此人民、财富、贸易、权力等状况随时发生变迁；繁盛的大城市冷落衰败，迟早变为被人忽视的穷乡僻壤，而其他人迹不到的地方却发展成为富庶的和居民众多的发达地区。不过，事物并不经常是平均地变迁的，某些习惯和权利纵然已无存在的理由，却由于私人的利害关系往往把它们保存下来。因此往往发生这样的事，在有些政府中，立法机关的一部分是由人民选出的代表组成的，日子久了之后，这种代表的分配变成很不平均，与当初分配代表的理由很不相称。当我们看到有些地方仅有城市的名称，所遗留的只是废墟，在那里最多只能找到个别的羊栏和个别的牧羊人[①]，而它们还同人口稠密和财富丰裕的郡那样，选出相同数目的代表出席庞大的立法者议会，我们就明白，沿袭业已失去存在理由的习惯会造成怎样大的谬误了。外人对此将为之瞠目，谁也不能不承认这是需要纠正的，虽然大多数人认为难以找到纠正的办法，因为立法机关的组织法既是社会的原始的和最高的行为，先

① 洛克在这里所指的是英国历史上的所谓“腐烂的城镇”(rotten boroughs)。由于工业发展的结果，英国兴起了一批新的工业城市，人口分布情况的变化使得有些旧的城镇只剩下极少数的居民，但是根据原先的规定，它们还继续产生代表出席议会的下议院。——译者注

于社会中的一切明文法而存在,并完全依赖于人民,下级的权力就不能予以变更。因此,当立法机关一旦组成,既然只要政府还继续存在,人民在上述的这种政府中并不享有行为的权力,这种障碍便被认为是无法克服的。

158. Salus populi suprema lex[人民的福利是最高的法律],的确是公正的和根本的准则,谁真诚地加以遵守谁就不会犯严重的错误。因此,如果拥有召集立法机关的权力的执行机关,遵照代表分配的真正比例而不是遵照它的形式,根据真正的理性而不是根据旧的习惯来规定各地有权被选为议员的代表的数目,这种权利不以人民怎样结成选区就能主张,而是以其对公众的贡献为比例,那么这种做法就不能被认为是建立了一个新的立法机关,而只是恢复了原有的真正的立法机关,纠正了由于日久而不知不觉地和不可避免地引起的不正常情况。因为,人民的利益和本意既然需要有公平和平等的代表制,谁使它更接近于这一目的,谁便是政府的真正朋友和建立者,不会得不到社会的同意和赞许。所谓特权,不外是授予君主的一种权力,在某些场合,由于发生了不能预见的和不稳定的情况,以致确定的和不可变更的法律不能运用自如时,君主有权为公众谋福利罢了。凡是显然为人民谋福利以及把政府建立在它的真正基础之上的任何行为,都是而且永远是正当的特权。建立新的选区并从而分配新的代表的权力是带有这样一个假定的,即分配代表的规定迟早会发生变更,以前没有推选代表权利的那些地方可以享有推选代表的正当权利;基于同样的理由,以前享有推选代表权利的地方可以失去这种权利,并且对于这样的权利来说变得无足轻重。使政府受到损害的,并不是变质或

衰败可能引起的现状的变更，而是政府的摧残或压迫人民的倾向，以及扶植一部分人或一个党派使之有别于其余的人民，形成突出的和不平等的地位这种做法。无论做什么事情，只要它被认为是以公正和持久的办法作出的有利于社会和一般人民的行为，一经作出，就总是理直气壮的。如果人民以公正的和真正平等的办法来选举他们的代表，适合于政府的原来组织，那么这无疑地就是允许并要他们这样做的社会的意志和行为。

第十四章　论特权

159. 在立法权和执行权分属于不同人的场合(一切有节制的君主国家和组织良好的政府中都是如此),为着社会的福利,有几项事情应当交由握有执行权的人来裁处。因为,立法者既然不能预见并以法律规定一切有利于社会的事情,那么拥有执行权的法律执行者,在国内法没有作出规定的许多场合,便根据一般的自然法享有利用自然法为社会谋福利的权利,直至立法机关能够方便地集会来加以规定为止。有许多事情非法律所能规定,这些事情必须交由握有执行权的人自由裁量,由他根据公众福利和利益的要求来处理。其实,在某种场合,法律本身应该让位于执行权,或不如说让位于这一自然和政府的根本法,即应当尽可能地保护社会的一切成员。因为世间常能发生许多偶然的事情,遇到这些场合,严格和呆板地执行法律反会有害(例如,邻居失火,不把一家无辜的人的房屋拆掉来阻止火势蔓延),而一个人的一桩值得嘉奖和宽恕的行动,由于法律不加区别,反而可能受法律的制裁,因此统治者在某些场合应当有权减轻法律的严峻性和赦免某些罪犯;因为政府的目的既然是尽可能地保护所有的人,只要能够证明无害于无辜者,即使有罪的人也可以得到饶恕。

160. 这种并无法律规定、有时甚至违反法律而依照自由裁处来为公众谋福利的行动的权力，就被称为特权。因为在有些政府中，制定法律的权力不是经常存在的，而且对于执行所需的快速来说，它的成员过于众多，因此它的行动也过于缓慢；另外，对于一切与公众有关的偶然事故和紧急事情，都不可能预见，因而法律也不可能都加以规定，而且，如果所制定的法律对于一切符合规定的情况或所有的人都严峻不苟地加以执行，也不可能不造成损害；所以，对于法律所没有规定的许多特殊事情，要留给执行权以相当范围的自由来加以处理。

161. 这种权力，当它为社会的福利并符合于政府所受的委托和它的目的而被运用时，便是真正的特权，绝对不会受到质难。因为，如果特权是在相当程度上为了它的本来的目的，即为了人民的福利而被运用，而不是明显地与这一目的相抵触时，人民很少会或决不会在细节上从事苛求或斤斤计较，他们不致对特权进行考查。但是，如果执行权和人民之间对于被主张为特权的权力发生不同意见，行使这种特权的倾向究竟是有利还是有害于人民，便可很容易地决定这一问题。

162. 不难设想，在政府建立的初期，国家在人数上与家族没有多大差别，在法律的数目上也与家族没有多大不同；既然统治者像他们的父亲那样为了他们的幸福而看护他们，政府的统治就差不多是全凭特权进行的。少数既定的法律就够用了，其余概由统治者的裁量和审慎来应付。但是，当暗弱的君主由于过错或为谄谀所迷惑，为他们私人的目的而不是为公共福利而利用这种权力的时候，人民就不得不以明文的法律就他们认为不利于他们的各个方面对特权加以规定。因此，对于某些情况，人民认为有明文限制特权的必要,这些特权是他们和他们的祖先曾广泛地留给君主,凭他的智慧专门用于正当的方面,即用于为人民谋福利的方面的。

163. 因此,如果有人说,人民以明文法把特权的任何部分加以限定,就是侵犯特权,这是对于政府的一种很谬误的见解。因为,人民这样做并没有剥夺君主的任何应享的权利,而只是宣告:他们所曾不加限定地交给他或他的祖先的权力,是以他们的福利为目的,当他用于别的方面时,就不是他们的本意。因为,既然政府的目的是为社会谋福利,那么只要是为了这个目的而作的任何变革,就不能算是对任何人的侵犯,因为政府中的任何人都无权背离这个目的。而只有那些不利于或阻碍公众福利的变革才算是侵犯。那些作相反主张的人们似乎认为,君主的利益和社会的福利是截然不同的和分开的,君主不是为此而设的;这就是在君主制政府中所发生的几乎所有的弊害和混乱的根源。果真是这样的话,受他统治的人民就不是一批为了他们相互间的福利而加入社会的理性动物;他们奉立统治者来统治他们,不是为了保卫和促进这种福利,而是被看作一群处在一个主人统辖下的低级动物,主人为了自己的快乐或利益而养活他们和使用他们。如果人类是那样的缺乏理性和不明事理,居然以这种条件加入社会,那么特权的确会像某些人所主张的那样,成为一种贻害人民的专断权力了。

164. 但是,既然我们不能设想一个理性的动物,当他自由时,会为了戕害自己而让自己受制于另一个人(固然,当他有一个善良贤明的统治者时,他也许不以为在一切场合对他的权力加以明确的限制是必要的或有益的),特权就只能是人民之许可他们的统治者们,在法律没有规定的场合,按照他们的自由抉择来办理一些事

情,甚至有时与法律的明文相抵触,来为公众谋福利;以及人民之默认这种做法。因为,一个贤明的君主不想辜负人民给他的委托,又关心人民的福利,就不会嫌有太多的特权,即造福人民的权力。反之,一个脆弱昏暴的君主,常常会主张享有他的前人所曾运用过的未经法律规定他凭其职位理应掌握的特权,其目的在于随意加以行使,以获得或形成有别于公众福利的利益,这样,他就使人民不得不重申他们的权利和限制这种权力,而这种权力的行使,如果是为了促进他们的福利,他们本来是会愿意默认的。

165. 因此,只要读一下英国的历史便会看到,我们的最贤明善良的君主享有的特权最大,这是因为人民注意到了他们的行动的整个倾向是为公众谋福利,因而并不计较他的没有法律根据的、为此目的而作出的一切行动,即使由于人类的任何弱点或过失(因为君主也只是人,是与别人一样生成的),以致与这个目的稍有出入,但只要他们的行动的主要趋向显然只是关怀公众,而不是其他的话,也是这样。所以,既然人民有理由认为应该欢迎这些君主在没有法律规定或与法律的明文相抵触的场合有所作为,他们就对君主所做的一切加以默认,并且没有丝毫怨言地让他们随意扩大他们的特权。他们正确地断定,君主在这里不会做危害他们的法律的事,因为他们的行动是与一切法律的基础和目的,即公共福利相符的。

166. 诚然,这种神一般的君主,根据专制君主制是最好的政体这一论点,应该享有专断的权力,正如上帝也是用专断权力来统治宇宙一样,因为这种君主是具有上帝的智慧和善良品德的。根据这一点就形成了这样的说法:贤君的统治,对于他的人民的权利

来说,经常会导致最大的危险;因为,如果他们的后继者以不同的思想管理政府,就会援引贤君的行动为先例,作为他们的特权的标准,仿佛从前只为人民谋福利而做的事情,在他们就成为他们随心所欲地危害人民的权利,这就往往引起纷争,有时甚至扰乱公共秩序,直到人民能恢复他们原来的权利,并宣布这从来就不是真正的特权为止,因为社会中的任何人从来都不可能有贻害人民的权利;虽然很可能并且合理的是,人民不去限制那些并未逾越公共福利的界限的君主或统治者的特权;因为特权不外是在没有规定的情况下谋求公共福利的权力而已。

167. 在英国召集议会的权力,包括确定召开议会的确切日期、地点和期限在内,诚然是国王的一种特权,但是仍然负有这样的委托,即必须根据时代的要求和各种不同情形的需要,为国家的福利而行使这一权力;因为,既然不可能预知何时何地召集议会总是最为适宜,就交由执行权来选择,以便有可能最符合于公共福利和最适合于议会的目的。

168. 一个有关特权的老问题会被提出来,即:谁来判定这个权力是否使用得当呢?我的回答是:在赋有特权的经常存在的执行权和一个由执行权来决定召集的立法机关之间,世界上不可能有裁判者;同样地,如果执行机关或立法机关在掌握权力后,企图或实行奴役人民或摧残人民,在立法机关和人民之间也不可能有裁判者。在这种场合,如同在世界上没有裁判者的其他一切场合一样,人民没有别的补救办法,只有诉诸上天;因为,统治者们在作这样的企图时,行使着一种人民从未授予他们的权力(绝不能设想人民会同意由任何人为了贻害他们而统治他们),去做他们没有权利做的事情。如果人民的集体或任何个人被剥夺了权利,或处在不根据权利而行使的权力的支配之下,而在人世间又无可告诉,那么每逢他们处理这个十分重要的案件时,就有权诉诸上天。因此,在这种场合,虽然人民不能成为裁判者而根据社会的组织法拥有较高的权力来对这案件作出决定和作有效的宣判,但是,在人世间无可告诉的场合,他们基于一种先于人类一切明文法而存在并驾乎其上的法律,为自己保留有属于一切人类的最后决定权:决定是否有正当理由可以诉诸上天。这种决定权他们是不能放弃的,因为屈身服从另一个人使其有毁灭自己的权利,是超出人类的权力以外的,并且上帝和自然也从来不许可一个人自暴自弃,以致忽视对自身的保护;既然他不能剥夺自己的生命,他也就不能授予另一个人以剥夺他的生命的权力。人们不要以为这样就会埋下永远引起纷乱的祸根,因为这种决定权,非到弊害大到为大多数人都已感觉到和无法忍耐,而且认为有加以纠正的必要时,是不会行使的。这是执行权或贤明的君主应该永远提防的事情,这是一切事情中他们最需要避免的事情,也是一切事情中最危险的。

第十五章　综论父权、政治权力和专制权力

169. 虽然我以前曾分别谈到这几种权力，但是我认为近年来关于政府的理论的重大错误是由于混淆了这几种彼此不同的权力而引起的，所以在这里把它们合并讨论，也许不是不适当的。

170. 第一，父权或亲权，不外是父母支配儿女的权力，他们为了儿女的幸福而管理他们，直到他们达到能够运用理性或达到一种知识状态为止，在那种状态下，我们可以假定他们有能力懂得那种应该用来规范自己的准则，不论那是自然法或他们的国家的国内法——我说"有能力"，即是说像那些作为自由人在这法律之下生活的人那样懂得这个法律。上帝使父母怀有对儿女的天生慈爱，可见他的原意并不是要使这种统治成为严峻的专断的统治，而只是为了帮助、教养和保护他们的子孙。但是无论怎样，如上文已经证明的，我们没有理由认为，这种权力可以扩大到使父母在任何时间对儿女操有生杀之权，正如他们不能对别人操有这种权力一样；也不能用任何借口来证明，当儿童业已长大成人时，这个父权还应当使他受制于他的父母的意志，超过儿女由于受到父母的生育教养而负有尊敬和赡养父母的终身义务。由此可见，父权固然是一种自然的统治，但决不能扩展到政治方面的目的和管辖范围。

父权决不及于儿女的财产，儿女的财产只有他们自己才能处理。

171. 第二，政治权力是每个人交给社会的他在自然状态中所有的权力，由社会交给它设置在自身上面的统治者，附以明确的或默许的委托，即规定这种权力应用来为他们谋福利和保护他们的财产。这一权力既为每人在自然状态中所拥有，并由他就社会所能给他保障的一切方面交给社会，就应当使用他认为适当的和自然所许可的那些手段，来保护他的财产，并处罚他人违反自然法，以便（根据他的理性所能作出的判断）最有助于保护自己和其余人类。因此，当这一权力为人人在自然状态中所有的时候，它的目的和尺度既然在于保护他的社会的一切成员——即人类全体——，那么，当它为官吏所有的时候，除了保护社会成员的生命、权利和财产以外，就不能再有别的目的或尺度；所以它不能是一种支配他们的生命和财产的绝对的、专断的权力，因为生命和财产是应该尽可能受到保护的。它只是对他们制定法律的权力，并附有这样一些刑罚，以除去某些部分来保护全体，而所除去的只是那些腐败到足以威胁全体的生命和安全的部分；否则任何严峻的刑罚都不是合法的。而且这个权力仅起源于契约和协议，以及构成社会的人们的相互同意。

172. 第三，专制权力是一个人对于另一人的一种绝对的专断的权力，可以随意夺取另一个人的生命。这不是一种自然所授予的权力，因为自然在人们彼此之间并未作出这种差别。它也不是以契约所能让予的权力，因为人对于自己的生命既没有这种专断的权力，自不能给予另一个人以这样的权力来支配他的生命。它只是侵犯者使自己与他人处于战争状态时放弃自己生命权的结果。他既然抛弃了上帝给予人类作为人与人之间的准则的理性,脱离了使人类联结成为一个团体和社会的共同约束,放弃了理性所启示的和平之路,蛮横地妄图用战争的强力来达到他对另一个人的不义的目的,背离人类而沦为野兽,用野兽的强力作为自己的权利准则,这样他就使自己不免为受害人和会同受害人执行法律的其余人类所毁灭,如同其他任何野兽或毒虫一样,因为人类不能和它们共同生活,而且在一起时也不能得到安全。所以只有在正义和合法战争中捕获的俘虏才受制于专制权力,这种权力既非起源于契约,也不能订立任何契约,它只是战争状态的继续。因为同一个不能主宰自己生命的人怎能订立什么契约呢?他能履行什么条件呢?如果他一旦被许可主宰自己的生命,他的主人的专制的、专断的权力也就不再存在。凡能主宰自己和自己的生命的人也享有设法保护生命的权利;所以,一经订立契约,奴役就立刻终止。一个人只要同他的俘虏议定条件,就是放弃他的绝对权力和终止战争状态。

173. 自然给予父母以第一种权力,即父权,使其在儿女未成年时为他们谋利益,以补救他们在管理他们的财产方面的无能和无知(必须说明,我所谓的财产,在这里和在其他地方,都是指人们在他们的身心和物质方面的财产而言)。自愿的协议给予统治者们以第二种权力,即政治权力,来为他们的臣民谋利益,以保障他们占有和使用财产。人权的丧失给予主人们以第三种权力,即专制权力,来为他们自己谋利益而役使那些被剥夺了一切财产的人们。

174. 谁考察一下这几种权力的不同的起源、范围和目的,谁就会清楚地看到,父权不如统治者的权力,而专制权力又超过统治者的权力;而绝对统辖权,无论由谁掌握,都决不是一种公民社会,它和公民社会的格格不入,正如奴役地位与财产制格格不入一样。父权只是在儿童尚未成年而不能管理他的财产的情况下才会存在;政治权力是当人们享有归他们自己处理的财产时才会存在;而专制权力是支配那些完全没有财产的人的权力。

第十六章　论征服

175. 虽然政府除上述以外根本没有别的起源，社会也只有以人民的同意为基础，但是野心使世界上充满了纷乱，以致在构成人类历史的这样大的一部分的战争的喧噪声中，大家很少注意到这种同意；因此，有许多人就把武力误认为人民的同意，认为征服是政府的起源之一。但是，征服并不等于建立任何政府，正如拆毁房屋并不等于在原处重建新屋一样。固然，为了创建新的国家结构，往往要摧毁旧的，可是，如不取得人民的同意，决不能建立一个新的结构。

176. 一个侵略者由于使自己同另一个人处于战争状态，无理地侵犯他的权利，因此决不能通过这一不义的战争状态来获得支配被征服者的权利，对于这一点，人们都很容易同意，因为人们不能想象强盗和海贼应当有权支配他们能用强力制服的人，或以为人们须受他们在非法强力挟制下作出的诺言的约束。如果一个强盗侵入我家，用刺刀对向我的喉咙，逼我立约将我的产业让渡给他，这会使他获得任何权利的根据吗？这也就是一个不义的征服者用剑锋逼我顺从时所取得的权利根据。损害和罪行，不管是出自戴王冕的人或微贱的人之手，都是一样的。罪犯的名位和他的党羽的数目，除了加重罪行之外，并不使罪行有何差异。惟一的差异就是，大盗惩罚小盗使他们服从自己，而大盗们因为过于强大，决非这个世界的软弱的司法力量所能惩办，就得到桂冠和胜利的酬赏，反把惩罚罪犯的权力拿到手里。对于一个这样地侵入我家的强盗，我有什么救济的办法呢？那就是诉诸法律以求得公道。但是，也许我得不到公正的裁判，或者我因残废而不能行动，遭受抢劫而没有诉诸法律的财力。如果上帝剥夺了我寻求救济的一切手段，那就只有忍耐一途。但是，当我的儿子有能力时，他可以寻求我被拒绝的法律救济；他或他的儿子还可以重行起诉，直到他收回他应享有的东西为止。可是，被征服者或他们的儿女，在人世间没有法庭、也没有仲裁者可以告诉。那么，他们可以像耶弗他一样，诉诸上天，并重复他们的申诉，直到恢复他们的祖先的原有的权利为止，这个权利就是要有一个为大多数人所赞同和爽快地默认的立法机关来支配他们。如果有人反对，认为这会引起无穷的纠纷，我的回答是，这不会比司法所引起的纠纷更多，如果司法对所有向它申诉的人都受理的话。一个人如果无缘无故骚扰他的邻人，他便要受邻人所诉请的法庭的处罚。诉诸上天的人必须确信他有充分的理由，而且还有值得付出与申诉有关的精力和费用的理由；因为他将对一个不能受蒙骗的法庭负责，而这个法庭肯定是会衡量任何人对同属社会的成员，即人类的任何部分所造成的损害而加以惩罚的。由此可见，不义战争中的征服者不能因此享有使被征服者臣服和顺从的权利。

177. 但是，我们假定胜利是归于正义的方面，并且考察一下合法战争中的征服者，看他得到什么权力和对谁享有这种权力。

第一，显然他不因他的征服而得到支配那些同他一起进行征服的人的权力。那些在他的方面进行战斗的人们,不能由于征服而受到损失,而是至少还必须是像从前那样的自由人。最通常的情况是,他们根据一定的条件效劳,意思是说,他们可以同他们的领袖分享战利品的一部分和由胜利得来的其他利益;或至少应给以被征服的国家的一部分。我希望征服的人民不是通过征服而成为奴隶,并仅仅为了显示他们是他们的领袖的胜利的牺牲品而戴上桂冠。那些以武力建立专制君主统治的人们,使他们的英雄,即这种君主国家的创立者变成放肆的德洛坎塞[①]之流,却忘记了他们还有将校士卒为他们在战争中取得胜利,或帮助他们镇压或同他们一起占有他们所并吞的国家。据有些人说,英国的君主制是建立于诺曼人的征服[②]时期,从而使我们的君主取得享有绝对统辖权的依据。如果这是真实的(但从历史上看,却并不是这样)以及威廉王[③]有对英伦岛作战的正义权利的话,那么,他靠征服得来的统辖权也只能及于当时居住在这里的撒克逊人和不列颠人。无论征服会造成什么样的统辖权,同威廉一道来的并帮助他征服的诺曼人,以及他们的所有后裔,全是自由人,不是由于征服而变成的臣民。如果我或别的什么人作为他们的后裔而要求自由,就很难作出相反的证明。显然地,法律既然没有对这些民族加以区别,

① 德洛坎塞(Drawcansir)是十七世纪英国的韦勒尔(George Villiers,1628—1687)所著的笑剧《预演》(The Rehearsal)中的一个人物,他的性情凶暴,在战场上不分敌我,乱杀一气。——译者注

② 诺曼人的征服(Norman Conquest)是1066年法兰西北部诺曼底(Normandy)人对英格兰的征服。——译者注

③ 威廉王(William the Conqueror, 1027或1028—1087)于1066年率领诺曼人征服了英格兰,自当年起成为英国国王,直至1087年,称为威廉一世。——译者注

就无意使他们的自由或利益有任何差别。

178. 但是假定(纵然很少有这样的事)征服者和被征服者并未结成一个国家的人民而受制于同样的法律,享有同样的自由。让我们再看一下一个合法的征服者对于被征服者享有什么权力;我说,这种权力纯粹是专制的。他享有绝对的权力来支配那些因不义战争而丧失其生命权的人的生命,但是对于那些不参加战争的人的生命或财产以及甚至那些实际上参加战争的人的财产,却不能享有这种权力。

179. 第二,我可以说征服者只是有权支配那些实际上曾帮助、赞成或同意那用来攻击他的不义武力的人们。因为,既然人民没有授权他们的统治者去做不义的事情,例如发动不义的战争(因为他们自己也从未有过这种权力),那么除非是他们实际上煽动这一战争,他们就不应该被认为对于在不义战争中所作的暴行和不义行为负有罪责,正如他们不应该被认为对于他们的统治者对人民或他们同一国家的臣民的任何部分施行的任何强暴或压迫负有罪责一样,因为他们未曾授权他们的统治者去做这一或那一件事。诚然,征服者很少对这些加以区别,而是有意地让战争的混乱把一切都混同一起;不过这仍变更不了正义,因为征服者的支配被征服者的生命的权力之所以存在,只是由于后者曾用强力来进行或支持不义的事情,所以他只能有权支配那些赞同这强力的人们,其余的人都是无辜的。征服者无权统治那个国家的对他没有伤害的人民,即没有放弃自己生命权的人们,正如他无权统治其他任何没有侵犯他或向他挑衅而同他和睦共处的人一样。

180. 第三,征服者在正义战争中对被他打败的人所取得的支

配权是完全专制的,后者由于使自己处于战争状态而放弃了自己的生命权,因此征服者对他们的生命享有一种绝对的权力,但他并不因此对他们的财产享有一种权利。无疑地,乍听起来这似乎是个很奇怪的学说,因为它与世界上的惯例完全相反。在说到国家的领地时,最常用的说法是指那种通过征服而得到的土地,似乎光是征服就转移了占有的权利。但是,如果我们想一想,强有力者的做法无论怎样被普遍采用,总很难成为正确的准则,尽管构成被征服者的顺从的一部分的,是对征服者用剑锋强加于他们的境遇不加争辩。

181. 虽然在一切战争中,强力和损害常常是交织在一起的,而当侵略者使用强力来对付那些与他进行战争的人们的人身的时候,很少不伤害他们的财产,但是,使一个人处于战争状态的只是强力的使用。因为,不论以强力开始造成损害或者悄悄地用诈欺造成损害,他都拒绝赔偿并以强力维持那种损害(这与最初使用强力造成损害是一样的),而造成战争的正是这种强力的不正当的使用。因为,一个人破门而入,用暴力把我撵出门外,或在温和地进来以后,用强力把我摒诸屋外,事实上他所做的事是一样的。我现在所论述的情况,是假定我们处在世界上没有可以向其告诉的、双方都向其服从的共同裁判者的状态。所以使一个人与另一个人处于战争状态的是强力的不正当的使用,犯这种罪行的人就放弃了他的生命权。因为,不使用作为人与人之间的准则的理性,而使用野兽般的强力,他就有可能为被他用强力侵犯的人所毁灭,如用任何危害生命的残暴野兽一样。

182. 但是,父亲的过错并不是儿女们的罪过,父亲纵然残暴不仁，儿女们可能是有理性的和和平的；所以父亲由于他的过错和暴行只能断送他自己的生命权，并不使他的儿女牵累进他的罪行或破坏。自然从尽可能保护全人类这一愿望出发，已经使他的财产属于儿女以免他们死亡，所以他的财产仍应继续属于他的儿女。因为，假如他们由于年幼、身不在场或自行决定，不曾参加战争，那么，他们就不曾做任何放弃财产的事，而征服者也不能仅仅因为他已制服那个谋以强力毁灭他的人而享有夺去他们的财产的任何权利；虽然他也许对财产可以有某些权利，以赔偿在战争和在防卫自己的权利时所受到的损失，至于这涉及被征服者的财产到什么程度，以后再加论述。由此可见，一个人通过征服享有支配一个人的人身的权利，他可以随意毁灭他，但并不因此享有支配他的产业的权利，无论是加以占有或享用。因为使侵略者的对方有权把他当作野兽一般夺去他的生命并随意毁灭他的，正是他所使用的暴力，但是使他具有支配另一个人的财产的权利的，只是他所受到的损害。因为我虽然可以杀死一个半途拦劫的强盗，却不可以（这似乎是较少见的）夺去他的金钱，并把他放走；这样做倒变成我在抢劫了。强盗的暴力以及他使自己所处的战争状态使他放弃了他的生命权，但这并不能给我以享有他的财产的权利根据。因此，征服的权利只能及于参加战争者的生命，而只是为了向他们要求赔偿所受到的损失和战费，才及于他们的产业，就是在这种情况下也应当对无辜的妻子儿女的权利加以保留。

183. 即使征服者在他的一方面具有可能设想的最充分的正义，他仍没有权利占取多于战败者所能丧失的东西。他的生命是在胜利者的掌握之中，他的劳役和他的财产胜利者可以占有以获

得赔偿,但胜利者不能夺取他的妻子儿女的财物;他们对他的财物也享有权利,他们对他所占有的产业也有他们的一份。比如,我在自然状态中(一切国家都彼此处在自然状态中)曾经损害了另一个人,由于我拒绝赔偿而进入了战争状态,这时我以强力保卫我的不义之财的行动便使我成为侵略者。我被征服了:我的生命权诚然由于已经丧失而任人处置,但我的妻子儿女的生命权却不是这样。他们没有进行战争,也没有帮助作战。我不能放弃他们的生命权,这不是我所能放弃的。我的妻子分享我的产业,我也不能加以放弃。我的儿女既然是我所生的,就也有靠我的劳动和财产来维持生活的权利。所以,问题便是这样:征服者具有要求赔偿所受到的损害的权利,而儿女们也具有享受他们的父亲的产业来维持生活的权利。至于妻子的一份,不论是她自己的劳动或契约使她具有享受这份财产的权利,她的丈夫显然不能放弃归她所有的东西。在这种场合,应该怎样办呢?我的回答是:根本的自然法既然是要尽可能地保护一切人类,那么如果没有足够的东西可以充分满足双方面的要求,即赔偿征服者的损失和照顾儿女们的生活所需时,富足有余的人应该减少他的获得充分满足的要求,让那些不是如此就会受到死亡威胁的人取得他们的迫切和优先的权利。

184. 但是,假如被征服者必须罄其所有来赔偿征服者的战费和损失,而被征服者的儿女们在丧失他的父亲的一切财产之后只得冻馁待毙,那么,即使在这种程度上,征服者对于正当要求的满足,仍不能使他有权对他所征服的国土有所主张。因为战争的损失极难与世界上任何地区的任何大块土地的价值相提并论,如果在那个地区中一切土地都被占有,没有任何荒地。如果我没有夺取征服者的土地(既然我被战败,就不可能这样做),那么我对他造成的任何其他损失总很难抵得上我的土地的价值,假如它同样被开垦过,而且大小上约略等于我所蹂躏过的他的土地。一年或两年的收成(因为很少能达到四五年的收成)遭受破坏,可算是通常所能造成的极度损失。至于被夺去的货币和财帛珍宝之类,它们决不是自然的财物,它们只有一种想象的虚构价值;自然并没有给它们以这种价值。依照自然的标准,他们之没有价值,正如美利坚人的贝壳串珠[①]之对于一个欧洲的君主,或者欧洲的银币之对于从前的一个美利坚人。在一切土地都被占有而没有荒地的地方,五年的收成抵不上由他强占的土地的永久继承权。不难理解:如果抛开货币的虚构价值,损失量和土地价值之间的差异将大于五与五百之比,虽然在另一方面,在土地大于居民所占有和利用的数量、任何人都有权利用荒地的地方,半年的收成就会大于继承土地的价值。但是在这场合,征服者也就不大想占有被征服者的土地了。因此,处在自然状态中的人们(因为一切君主和政府都彼此处在自然状态中)彼此间所受到的损害,不能使征服者享有权力来剥夺被征服者的后裔的所有权和把他们驱逐出他们应该世世相承的土地。固然,征服者常常容易以主人的地位自居,被征服者所处的境遇使他们不能对征服者的权利提出异议。但是,如果这是一切的一切的话,它所给予的只是单纯的暴力所给予强者支配弱者的权利根据,而基于这个理由,谁是最强有力者便能享有要想占有什

① 美利坚人的贝壳串珠(Wampompeke of the Americans)是十七世纪北美洲的印第安人用线把贝壳串成数珠,当作饰物或交换手段。洛克在这里所称"美利坚人",系指印第安人而言。——译者注

么就可以占有什么的权利了。

185. 那么,对于那些随同征服者参加战争的人们,以及对于被征服者的国家中那些没有反对他的人们甚或曾经反对他的人们的后裔,征服者即使在一次正义的战争中,也并不由于他的征服而享有统辖的权利。他们可以不受他的任何制约,而如果他们原来的政府解体了,他们可以自由地创建另一个政府。

186. 固然,征服者往往凭他所具有的支配一些人的强力,用剑指着他们的胸口,迫使他们屈服于他的条件,受制于他随意为他们建立的政府;但是,这里的问题是,他有什么权利这样做呢?如果说他们是根据自己的同意而受制约的,那么,这就承认了征服者要想具有统治他们的权利,就必须获得他们自己的同意。那么,现在还有待研讨的,就是并不基于权利而以暴力胁迫的承诺能否被认为是同意,以及这些承诺具有多大的约束力。对于这点,我可以说,它们完全没有约束力;因为别人以暴力夺取我的无论什么东西,我对那件东西仍旧保留权利,他也有义务立即加以归还。强夺我的马的人应该立即把它归还,而我仍有取回它的权利。根据同样的理由,一个以暴力胁迫我作出承诺的人应该立即加以归还,即解除我所承诺的义务;否则,我可以自己加以恢复,即决定我是否加以履行。因为自然法只基于它所规定的准则来确定我所负的义务,它不能以违反它的准则的行动例如以暴力对我勒索任何东西,来迫使我承担义务。一个强盗以手枪对着我的胸口,要我倾囊给他,因而我自己从衣袋里掏出了钱包并亲手递给他,在这种情况下,说我曾经给予承诺,这既不能改变案情,也不能意味着宽恕强力而转移权利。

187. 从这一切可以得出结论，征服者以暴力强加于被征服者的政府，由于他当初无权对被征服者作战，或虽然他有权利但他们并未参加对他作战，因而不能使他们承担任何义务。

188. 但是，我们姑且假定，那个社会的一切人士既然都是同一国家的成员，就可被认为曾参加过那场他们在其中被打败的不义的战争，因此他们的生命就要任凭征服者处置。

189. 我认为这与被征服者的未成年的儿女无关；因为，既然父亲并不握有支配其儿女的生命和自由的权力，他的任何行为也就没有放弃那种权力的可能。所以，无论父亲有何遭遇，儿女仍是自由人，征服者的绝对权力只能及于那些为他所征服的人的本身，随着他们消失；如果他把他们当作奴隶那样统治，使他们受制于他的绝对的专断权力，他对他们的儿女却没有这样的统辖权。除了基于他们自己的同意，他不能对他们享有任何权力，纵然他可以迫使他们作任何行动或发表任何言论。只要是用强力使他们服从，而不是基于他们自己的选择，他就没有合法的权威。

190. 每个人生来就有双重的权利：第一，他的人身自由的权利，别人没有权力加以支配，只能由他自己自由处理；第二，首先是和他的弟兄继承他的父亲的财物的权利。

191. 基于第一种权利，一个人生来就不受制于任何政府，尽管他出生于它管辖下的某一个地方。可是，如果他不承认他的出生地国家的合法政府，他就必须放弃根据它的法律属于他的权利，以及那里由他的祖先传给他的财产，如果这政府当初是基于他们的同意而建立的。

192. 基于第二种权利，任何国家的居民，如果他们是被征服者的子孙并有权继承被征服者的产业,而被征服者当时有一个违反他们的自由同意而强加于他们的政府,就仍然保留继承他们祖先的财产的权利,虽然他们并不自由地对这政府表示同意,而该政府的苛刻条件是通过暴力强迫该国的土地所有者接受的。因为,既然最初的征服者根本无权占有那个国家的土地,则作为被胁迫受制于一个政府的人们的子孙或根据他们的权利而有所主张的人民,总是享有摆脱这种政府的权利,使自己从人们用武力强加于他们的篡夺或暴政中解放出来,直到他们的统治者使他们处在他们自愿自择地同意的政治机构之下为止。谁会怀疑希腊的基督教徒们——希腊古代土地所有人的子孙——只要一有机会,就可以正当地摆脱他们久已呻吟其下的土耳其人的压迫?因为任何政府都无权要求那些未曾自由地对它表示同意的人民服从。我们决不能假定他们表示过这种同意,除非他们是处在一种可以选择他们的政府和统治者的完全的自由状态中,或者至少他们具有他们自己或他们的代表自由地表示同意的经常有效的法律,以及他们被许可享有正当的财产,从而使他们成为他们的所有物的所有人,未经他们的同意,任何人不能取走其任何部分。如果没有这些,人们不论处在任何政府之下,都不是处在自由人的状态,他们只是处在战争暴力下的明显的奴隶。

193. 但是,即使在正义战争中征服者有权支配被征服者的生命,同时也有权支配被征服者的产业——显然,他是没有这种权利的——那么在继续统治的期间,也不会因此就产生绝对的权力。这是因为这些被征服者的子孙全是自由人,如果他给他们产业和财产,让他们住在他的国家中(如果没有人住在那里,国家就毫无作用了），那么无论他授予他们什么，他们对于所授予的东西就享有财产权；这种财产权的性质就是：未经本人同意，不能剥夺任何人的财产。

194. 他们的人身基于自然的权利是自由的，他们所有的财产，无论多少，是他们自己的，并由他们自己处理，而不是听凭征服者处理，否则它就不成其为财产了。假如征服者给予一个人以一千英亩土地，永久归他和他的子孙所有，又租给另一个人一千英亩土地，以终身为期，年租五十或五百英镑，那么前者是否永久有权支配他的一千英亩土地，而后者如果照付上述的地租是否终身享有权利呢？终身的佃户是否有权享受他在佃租期内靠他的勤劳所得的超过地租的一切收入，比如说一倍于地租的收入呢？能不能说，国王或征服者，在授予财产之后，可以根据他的征服者的权力，从前者的子孙或从在世时照付地租的后者，夺取其土地的全部或一部分呢？或者他能不能随意夺取两者在上述土地上所得的产物或金钱呢？如果他能够的话，那么世界上一切自由自愿的契约都会终止和无效了。只要有足够的权力，任何时候都不需要靠别的办法就可以解除它们。这样，有权力的人的一切授予和诺言，都只是愚弄和欺骗。因为，如果我说："我把这件东西永远给你和你的子孙"——这是所能表达的最确实和最郑重的转移方式——而这却应当理解为我在明天仍有随意向你取回的权利；世界上还有比这更滑稽的事吗？

195. 我在这里不想讨论君主们是否可不受他们本国法律的约束，但有一点我是明确的，即他们应该服从上帝和自然的法律。任何人和任何权力都不能使他们不受这个永恒法的约束。就诺言说,对永恒法应尽的义务十分重大,以致全能的上帝本身也为它们所束缚。许可、诺言和誓言是全能的上帝所受的约束。无论谄媚者怎样奉承人世的君主们,君主们全体和同他们相结合的他们的人民合在一起,比起伟大的上帝来不过沧海一粟,九牛一毛,算不了什么,等于乌有!

196. 征服的问题可以扼要地作这样的说明:如果征服者的征服是合乎正义的,他就对一切实际参加和赞同向他作战的人们享有专制的权利,而且有权用他们的劳动和财产赔偿他的损失和费用,这样他并不侵害其他任何人的权利。对于不同意战争的其余的人民,如果有这样的人的话,以及对于俘虏的子孙或对两者的财产,征服者都不享有任何权力,从而他不能基于征服而具有统辖他们的任何合法的权利根据,或把它传给他的后裔。但如果他企图侵犯他们的财产,他就成为一个侵略者,从而使自己处在与他们敌对的战争状态中。他或他的任何后裔之并不享有君权,如同丹麦人兴加尔或胡巴①之在英格兰或斯巴达克②——如果他曾征服意大利的话——之并不享有君权一样;一旦上帝给与为他们所屈服的人以勇气和机会时,他们就将摆脱他们的压迫。因此,不管亚述的国王们用武力对犹大享有何种权利,上帝却帮助希西家摆脱了那个征服帝国的统辖权。“耶和华与希西家同在,他无论往何处去,尽都亨通;他背叛,不肯事奉亚述王。”(《旧约》列王纪下,第十八章,第七

① 兴加尔(Hingar)和胡巴(Hubba)都是丹麦军队的司令官,于867年在英格兰登陆,侵占了英格兰的部分领土。——译者注

② 斯巴达克(Spartacus),公元前73年—公元前71年古罗马奴隶起义的领袖。——译者注

节。）由此可见，摆脱一种由暴力而不是由正义强加于任何人的权力，纵有背叛之名，但在上帝面前并不是罪行，而是为他所容许和赞同的事情，即使靠暴力取得的诺言和契约起着阻碍作用。无论是谁，只要注意阅读亚哈斯和希西家的故事，就可以知道亚述人制服了亚哈斯，废黜了他，并在他生时立他的儿了希西家为国王，而希西家在这时期一直根据协议对他表示服从并向他进贡。

第十七章　论篡夺

197. 如果征服可以称为外来的篡夺，篡夺就可以说是一种国内的征服，它与前者不同的是，一个篡夺者在他这方面永远不是正义的，因为当一个人把另一个人享有权利的东西占为己有时，才是篡夺。就篡夺而论，它只是人事的变更，而不是政府的形式和规章的变更；因为，如果篡夺者扩张他的权力超出本应属于国家的合法君主或统治者的权力范围以外，那就是篡夺加上暴政。

198. 在一切合法的政府中，指定由哪些人来实行统治，如同政体本身一样，是政府的自然的和必要的一部分，而且它是人民最初确定的办法。不论根本没有政府的形式，或同意它应为君主制而没有指定怎样选任享有统治权的人来充当国王的办法，同样都是无政府状态。因此，一切具有既定政府形式的国家，也都有关于如何指定那些参与国家权力的人们的规定和如何授予他们权利的固定方法。因为不论根本没有规定政府的形式，或同意它应为君主制、但没有指定怎样选任享有统治权的人来充当君主的办法，同样都是无政府状态。无论何人，如果不用国家法律所规定的方法取得行使统治权的任何部分的权力，即使国家的形式仍被保存，也并不享有使人服从的权利；因为他不是法律所指定的人，因而就不是人民所同意的人。在人民能够自由地表示同意，并已确实同意承认和确认他一直是篡夺得来的权力以前，这样的篡夺者或其继承人都没有权利的根据。

第十八章　论暴政

199. 如果说篡夺是行使另一个人有权行使的权力，那么暴政便是行使越权的、任何人没有权利行使的权力。这就是任何人运用他所掌握的权力，不是为了处在这个权力之下的人们谋福利，而是为了获取他自己私人的单独利益。统治者无论有怎样正当的资格，如果不以法律而以他的意志为准则，如果他的命令和行动不以保护他的人民的财产而以满足他自己的野心、私愤、贪欲和任何其他不正当的情欲为目的，那就是暴政。

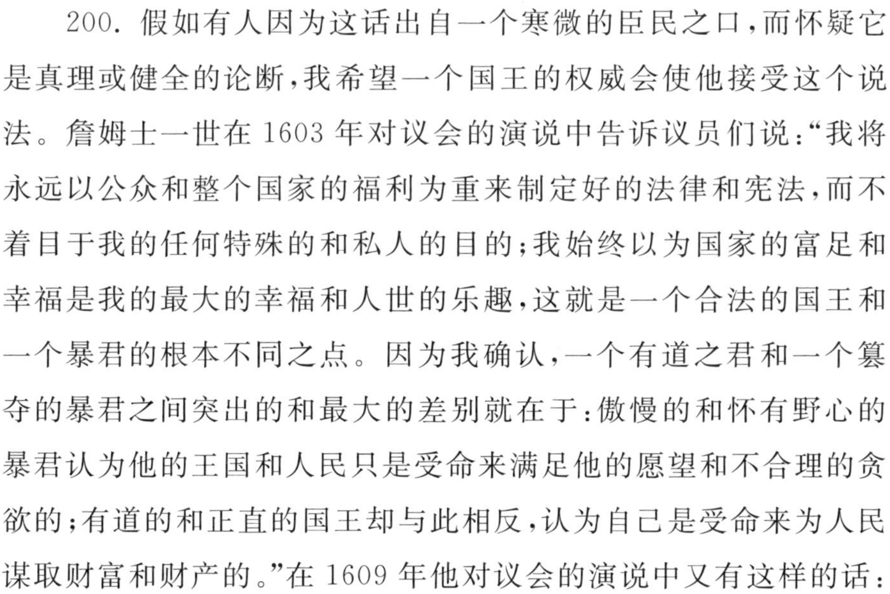

200. 假如有人因为这话出自一个寒微的臣民之口，而怀疑它是真理或健全的论断，我希望一个国王的权威会使他接受这个说法。詹姆士一世在 1603 年对议会的演说中告诉议员们说："我将永远以公众和整个国家的福利为重来制定好的法律和宪法，而不着目于我的任何特殊的和私人的目的；我始终以为国家的富足和幸福是我的最大的幸福和人世的乐趣，这就是一个合法的国王和一个暴君的根本不同之点。因为我确认，一个有道之君和一个篡夺的暴君之间突出的和最大的差别就在于：傲慢的和怀有野心的暴君认为他的王国和人民只是受命来满足他的愿望和不合理的贪欲的；有道的和正直的国王却与此相反，认为自己是受命来为人民谋取财富和财产的。"在 1609 年他对议会的演说中又有这样的话：

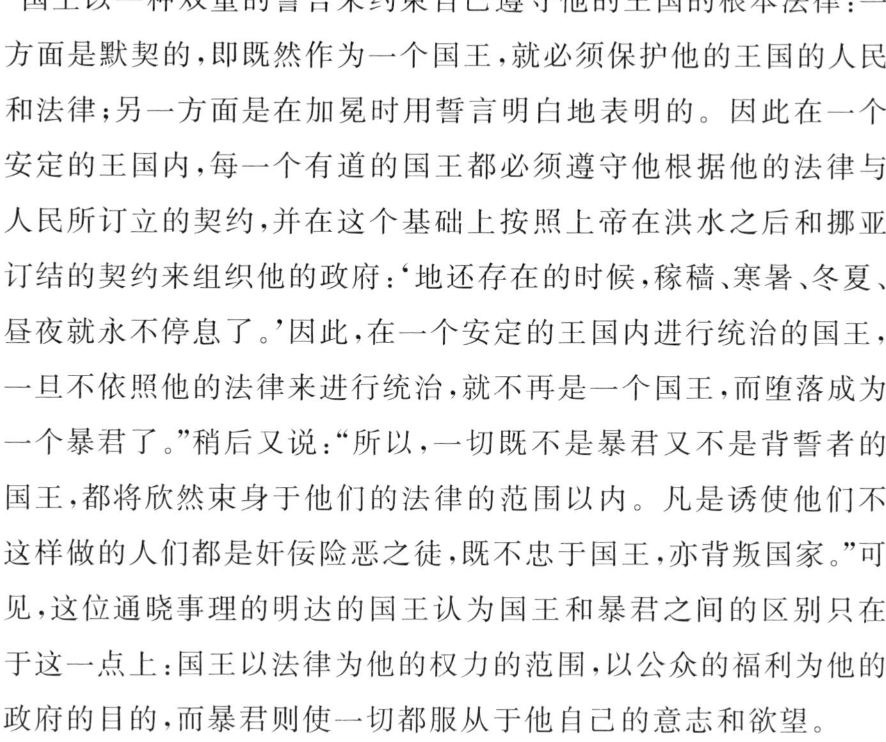

“国王以一种双重的誓言来约束自己遵守他的王国的根本法律:一方面是默契的,即既然作为一个国王,就必须保护他的王国的人民和法律;另一方面是在加冕时用誓言明白地表明的。因此在一个安定的王国内,每一个有道的国王都必须遵守他根据他的法律与人民所订立的契约,并在这个基础上按照上帝在洪水之后和挪亚订结的契约来组织他的政府:‘地还存在的时候,稼穑、寒暑、冬夏、昼夜就永不停息了。’因此,在一个安定的王国内进行统治的国王,一旦不依照他的法律来进行统治,就不再是一个国王,而堕落成为一个暴君了。”稍后又说:“所以,一切既不是暴君又不是背誓者的国王,都将欣然束身于他们的法律的范围以内。凡是诱使他们不这样做的人们都是奸佞险恶之徒,既不忠于国王,亦背叛国家。”可见,这位通晓事理的明达的国王认为国王和暴君之间的区别只在于这一点上:国王以法律为他的权力的范围,以公众的福利为他的政府的目的,而暴君则使一切都服从于他自己的意志和欲望。

201. 若以为这种缺点只是君主制所特有,那是错误的;其他的政体也同君主制一样,会有这种缺点。因为权力之所以授予某些人是为了管理人民和保护他们的财产,一旦被应用于其他目的,以及被利用来使人民贫穷、骚扰他们或使他们屈服于握有权力的人的专横的和不正当的命令之下时,那么不论运用权力的人是一个人还是许多人,就立即成为暴政。所以我们在历史上看到雅典有三十个暴君,西拉科斯也有一个暴君;而罗马的十大执政的不能令人忍受的统辖,也不见得比较好些。

202. 如果法律被违犯而结果与旁人有害,则法律一停止,暴政就开始了。如果掌握权威的人超越了法律所授予他的权力,利用他所能支配的强力强迫臣民接受违法行为，他就不再是一个官长；未经授权的行为可以像以强力侵犯另一个人的权利的人那样遭受反抗。就下级官员来说，这一点是被大家承认的。一个有权在街上逮捕我的人，如果企图闯入我的住所来执行令状，我纵然知道他持有逮捕状并具有合法的职权可以有权在宅外逮捕我，但我仍可把他当做盗贼那样抗拒他。为什么对于最下级的官员可以这样，而对于最高的官长就不可以这样呢？我倒很乐意有人对我说明。如果说长兄因为拥有他的父亲的产业的最大部分，就有权剥夺他的任何一个兄弟的分得的财产，这是不是合理呢？或者一个占有整个地区的富人，他是否就享有随意霸占他的穷苦的邻人的茅舍和园圃的权利呢？合法地拥有远远超过绝大部分亚当子孙们所有的广大权力和财富，不独不能作为借口，更不能作为理由来进行不依职权而损害别人的掠夺和压迫，相反地，这只能使情况更加严重。因为，超越职权的范围，对于大小官员都不是一种权利，对于国王或警察都一样无可宽恕。可是，无论是谁，只要他受人民更大的托付，比他的同胞已享有更大的份额，而且由于他的教育、职守、顾问等便利条件，理应对于是非的权衡认识得更加清楚，如果他竟还如此，当然是更加恶劣。

203. 那么，君主的命令是可以反抗的吗？是否一个人只要觉得自己受害，并且认为君主并不享有对他这样做的权利，就可以随时加以反抗呢？这样就会扰乱和推翻一切制度，所剩下的不是国家组织和秩序，而只是无政府状态和混乱罢了。

204. 对于这一点，我的回答是：强力只能用来反对不义的和非法的强力。凡是在其他任何场合进行任何反抗的人，会使自己受到上帝和人类的正当的谴责，所以就不会引起有些人常说的那种危险或混乱。因为：

205. 第一，在有些国家里，君主的人身基于法律是神圣的，所以无论他命令或做什么，他的人身都免受责问或侵犯，不受任何强制、任何法律的制裁或责罚。不过对于低级的官吏或他所委任的其他人的不法行为，人民仍然可以抗拒，除非他想通过实际上使自己与人民处于战争状态的办法解散他的政府，任由人民采取在自然状态中属于每一个人的防卫手段。关于这种情况，谁能知道结局将是什么呢？一个邻近的王国已经向全世界显示一个异常的例子了[①]。在其他一切场合，君主人身的神圣不可侵犯使他免受一切妨害，从而只要政府存在，他个人是免受一切强暴和损害的；没有再比这更明智的制度了。因为他个人所能造成的损害是不至于屡次发生的，其影响所及也不至于很远大；以他单独的力量也不能推翻法律或压迫全体人民，即使任何秉性软弱昏庸的君主想要这样做的话。一位任性的君主在位时，有时会发生一些特殊的过错，但其所造成的害处，却可在元首被置身于危险之外的情况下由公众的安宁和政府的稳固这些好处得到充分的补偿。对于整体来说，少数一些私人有时有受害的危险，比国家元首随随便便地和轻易地被置于危境，要稳当得多。

206. 第二，但是这种只属于国王人身的特权，并不妨碍那些未经法律授权而自称奉他的命令来使用不正当强力的人们为人民所质问、反对和抗拒。举一个明显的例子：一个持有国王的逮捕状

① 洛克在这里可能是指英国革命时期国王查理一世被处死刑的事，因为洛克是在荷兰写这部著作的，“一个邻近的王国”很可能就是指英国而言。——译者注

去捕人的官吏，虽有国王的全权委任，却不能闯入此人的住所去逮捕他，也不能在某些日期或某些地方去执行国王的命令，纵然逮捕状上并未作出这种例外的规定，但这些是法律所限制的，如果违犯，国王的授权也不能使他获得宽恕。因为君主的权威仅为法律所授予，他不能授权任何人来作违反法律的行为，国王的授权也不能使他的这种行为合法化。任何官长越权发出的委任或命令，如同任何私人的委任或命令一样，是无效的和不起作用的，两者的差别在于官长具有为某些目的而规定的职权，私人则根本什么职权都没有。因为，使人享有行为权利的，不是委任而是职权，如果违反了法律，那就没有职权之可言。但是，尽管可以有这种反抗，国王的人身和权威都是受到保障的，因而统治者或政府就不会遭遇危险。

207．第三，即使一个政府的元首的人身并不是那样神圣，但这种可以合法地反抗一切非法行使其权力的行为的学说，也不会动辄使他处于危境或使政府陷于混乱。因为，当受害者可以得到救济，他的损害可以通过诉诸法律而得到赔偿的时候，就没有诉诸强力的理由，强力只应该在一个人受到阻碍无法诉诸法律时才被运用。只有那种使诉诸法律成为不可能的强力，才可以被认为是含有敌意的强力。也只是这种强力才使一个运用它的人进入战争状态，才使对他的反抗成为合法。一个人手持利刃在公路上企图抢劫我的钱包，当时说不定我的口袋里的钱还不到十二个便士，但我可以合法地把他杀死。又如我把一百英镑交给另一个人，让他在我下车的时候替我拿着，但及至我再度上车时，他拒绝把钱给我，反而在我要想收回时拔出剑来用强力保卫他占有的钱。这个人实际对我造成的损害也许比前者意图对我造成的损害大一百倍甚至一千倍(我在他真正对我造成任何损害以前就把他杀了),但我可以合法地把前者杀死,而不能合法地对后者加以任何伤害。其理由是很明显的,因为前者运用强力威胁我的生命,我不能有时间诉诸法律来加以保障,而一旦生命结束,就来不及再诉诸法律了。法律不能起死回生。这种损失是无可补偿的,为防止这种损失,自然法便给我以权利来消灭那个使自己与我处于战争状态并以毁灭来威胁我的人。但是,在第二个场合,我的生命并不处于危境,我可以有诉诸法律的便利,并可通过这个方法收回我的一百英镑。

208. 第四,但如果官长的不法行为通过他所获得的权力加以坚持,并使用同一权力阻挠人们根据法律取得应有的救济,那么,即使对这种明显的暴虐行为行使反抗的权利,仍不致突然地或轻易地扰乱政府。因为,如果这只涉及某些私人的事件,纵然他们有权进行自卫和用强力收回他们被非法强力所夺取的东西,但是可以这样做的权利不会很容易地使他们冒险作必死的斗争。而且,如果广大人民并不以为事情与他们有关,一个或少数被压迫者就不可能动摇政府,正如一个狂暴的疯子或一个急躁的心怀不平的人不可能推翻一个稳固的国家一样,人民对于二者都是不会随便跟着行动的。

209. 但是,如果这种非法行为已使人民的大多数受到损害,或者,只是少数人受到危害和压迫,但是在这样的一些情况中,先例和后果似乎使一切人都感到威胁,他们衷心相信他们的法律、从而他们的产业、权利和生命,甚至宗教信仰都岌岌可危,那我就不知道该怎样来阻止他们去反抗那个使他们受害的非法强力了。我认为，当统治者把政府弄到普遍为他们的人民所疑惧的地步时，无论什么政府都会遭到这种麻烦。这是他们所能陷入的最危险的状态，他们处在这一状态是不足怜惜的，因为这是很容易避免的。如果一个统治者真正想为他的人民谋福利，想要保护他们和他们的法律，而竟不使他们看到和感觉到这一点，那是不可能的事，正如一个家庭的父亲不可能不让他的儿女们看到他对他们的慈爱和照顾一样。

210. 可是，如果大家都觉察到口说是一套，行动又是一套，权术被用来逃避法律，以及所委任的特权（这是授予君主的处理某些事情的一种专断权力，是为了造福人民而不是祸害人民的）被用于违反原来所规定的目的；如果人民发现大官和小吏是为了适合于这样一些目的而选任的，并且按照他们究竟是促成或反对这些目的的情况来决定升黜；如果人民看到专断权力已被几次试验运用，宗教方面私下对此表示赞同（虽公开地加以反对），随时准备加以推行，并对实施专断权力的人尽量予以支持；而当这些尝试行不通时，他们依旧加以认可并对它们更加醉心：如果一连串的行动指明政府人员都有这种倾向，怎能不使人深信事情将演变到什么地步呢？在这种情况下，他不会不设法自寻出路，如果他相信他所坐的船的船长会把他和船中的别人都载往阿尔及尔去遭受奴役，其时他操舵前进，纵然因逆风、船漏及船员和粮食的缺乏暂时被迫改道，但是一旦风向、天气以及其他情况许可时又立即坚决转回原道。

第十九章　论政府的解体

211. 谁想要明确地讨论政府的解体问题，谁就应该首先把社会的解体和政府的解体区别开来。构成共同体并使人们脱离涣散的自然状态而成为一个政治社会的，是每个人同其余的人所订立的协议，由此结成一个整体来行动，并从而成为一个单独的国家。解散这种结合的通常的和几乎惟一的途径，就是外国武力的入侵，把他们征服。在这场合（因为他们不能作为一个完整而独立的整体实行自卫或自存），属于由他们所构成的那个整体的这一结合就必然终止，因此每个人都回到他以前所处的状态，可以随意在别的社会自行谋生和为自己谋安全。一旦社会解体，那个社会的政府当然不能继续存在。这样，征服者的武力往往从根本上把政府打垮，并把社会打碎，使被征服或被瓦解的众人脱离原应保护他们免受暴力侵犯的社会的保护和依赖。毋庸赘述，对于这种解散政府的方法，世人了解很深并有深切的体会，决不能加以容忍。至于社会一旦解体，政府就不能继续存在，这也是不必多加论证就可以证明的——这正如构成房屋的材料为飓风所吹散和移动了位置或为地震震坍变成一堆瓦砾时，房屋的骨架就不可能再存在一样。

212. 除了这种外来的颠覆以外，政府还会从内部解体：

第一，当立法机关变更的时候。公民社会是它的成员之间的一种和平状态，由于他们有立法机关作为仲裁者来解决可能发生于他们任何人之间的一切争执，战争状态就被排除了；因此，一个国家的成员是通过立法机关才联合并团结成为一个协调的有机体的。立法机关是给予国家以形态、生命和统一的灵魂；分散的成员因此才彼此发生相互的影响、同情和联系。所以，当立法机关被破坏或解散的时候，随之而来的是解体和消亡。因为，社会的要素和结合在于有一个统一的意志，立法机关一旦为大多数人所建立时，它就使这个意志得到表达，而且还可以说是这一意志的保管者。立法机关的组织法是社会的首要的和基本的行为，它规定了他们在一些人的指导和法律的约束之下的结合的期限，而这些法律是由人民的同意和委派所授权的一些人制定的；没有人民的这种同意和委派，他们中间的任何一个人或若干人都不能享有权威来制定对其余的人具有约束力的法律。如果任何一个人或更多的人未经人民的委派而擅自制定法律，他们制定的法律是并无权威的，因而人民没有服从的义务；他们因此又摆脱从属状态，可以随意为自己组成一个新的立法机关，可以完全自由地反抗那些越权地强迫他们接受某种约束的人们所施用的强力。如果那些受社会的委托来表达公众意志的人们受人排挤而无从表达这个意志，其他一些没有这种权威或没有受这种委托的人篡夺了他们的地位，那么人人都可以根据他自己的意志，各行其是。

213. 这种情况既然通常是由国内滥用权力的人所造成的，如果不知道发生这种情况的政府是什么形式，就很难正确地加以考察和知道谁应该负责。让我们假定立法权同时属于三种不同的人：

第一,一个世袭的个人,享有经常的最高执行权,以及在一定期间内兼有召集和解散其他两者的权力。

第二,一个世袭贵族的会议。

第三,一个由民选的、有一定任期的代表组成的会议。假定政府的形式是这样,那就很明显:

214. 第一,如果那个个人或君主把他的专断意志来代替立法机关所表达的作为社会意志的法律,这就改变了立法机关。因为,既然立法机关事实上是立法机关,它的规章和法律就要付诸实施并需要加以服从;如果假托并实施并非由社会组成的立法机关所颁布的法规,立法机关显然是被改变了。谁未经社会的基本委托的授权而推行新的法律,或推翻旧的法律,谁就是不承认和倾覆制定这些法律的权力,因此就建立起一个新的立法机关。

215. 第二,如果君主阻止立法机关如期集会或自由行使职权以完成当初组织它的那些目的,立法机关就被变更了。因为立法机关之所以成为立法机关,并不在于有多少人,开多少次会,而在于他们还有辩论的自由和安闲地完成为社会谋福利的任务的时间。如果这些被剥夺或被变更,从而使社会无法适当地行使他们的权力,立法机关就确实是被变更了。组成政府的不是它们的名义,而是事先规定的那些名义所应该具有的权力的运用和行使;所以谁要是剥夺立法机关的自由或阻止它如期行使职权,谁就是事实上取消立法机关和结束政府。

216. 第三,如果君主使用专断权力,未经取得人民的同意并与人民的共同利益相抵触,而变更了选民权或选举的方式,立法机关也就被变更了。因为,如果不是由社会所授权的那些人去选举或不用社会所规定的方法进行选举，那么那些当选的人就不是人民所任命的立法机关。

217. 第四，如果君主或立法机关使人民屈服于外国的权力，这就一定改变了立法机关，因而也是政府的解体。因为人们参加社会的目的在于保持一个完整的、自由的、独立的社会，受它自己的法律的约束，他们一旦被放弃给别国的权力支配时，就丧失了这个目的。

218. 为什么在这种组织下，政府在这些场合的解体应归罪于君主，是很显然的。因为他拥有国家的武力、财富和机构供他运用，并且他往往自信，或由于别人的奉承而认为身为元首就毫无羁绊，所以只有他才能以合法职权为借口来大幅度地进行这种改革，而且他还能把反对者当作犯有分裂、叛乱的罪行和政府的敌人来加以恫吓或镇压。至于立法机关的其他部分或人民，他们却不能自行企图变更立法机关，除非是发动很容易引起注意的公开和显而易见的叛变，而这种叛变一旦果真获得成功，其所产生的影响几乎与外来征服无异。此外，在那样一种政体下，君主享有解散立法机关的其他部分的权力，从而使他们成为私人，而他们却绝对不能违反他的意志或不得他的同意就用一项法律来改变立法机关，因为他们的法令必须得到他的批准才能生效。但是如果立法机关的其他部分以任何方式对颠覆政府的任何企图有所赞助和鼓励，或不就自己能力所及来阻止这些阴谋，他们是有罪的，而且参与了肯定是人们彼此间所能犯的最大的罪行。

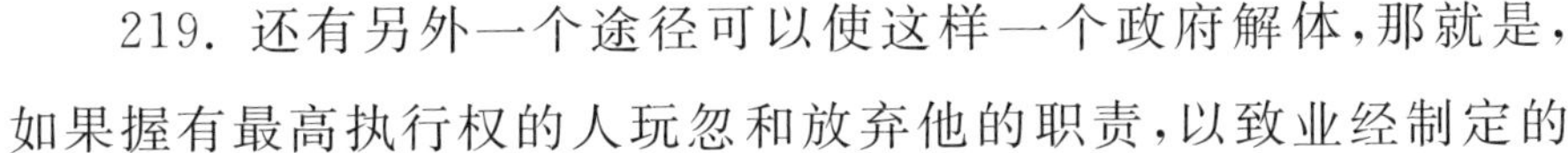

219. 还有另外一个途径可以使这样一个政府解体，那就是，如果握有最高执行权的人玩忽和放弃他的职责，以致业经制定的

法律无从执行。这显然是把一切都变成无政府状态,因而实际上使政府解体。因为法律不是为了法律自身而被制定的,而是通过法律的执行成为社会的约束,使国家的各部分各得其所、各尽其应尽的职能;当这完全停止的时候,政府也显然搁浅了,人民就变成了没有秩序或联系的杂乱群众。哪里没有司法来保障人们的权利,在社会内部也没有其他权力来指挥强力或为公众供应必需品,那里就肯定不再有政府存在。如果法律不能被执行,那就等于没有法律;而一个没有法律的政府,我以为是一种政治上的不可思议的事情,非人类的能力所能想象,而且是与人类社会格格不入的。

220. 在这些和相类似的场合,如果政府被解体,人民就可以自由地自己建立一个新的立法机关,其人选或形式或者在这两方面,都与原先的立法机关不同,根据他们认为那种最有利于他们的安全和福利而定。因为社会决不能由于另一个人的过失而丧失它用来保护自己的固有的和原有的权利,而社会的自保只有依靠一个确定的立法机关,并公平无私地执行它所制定的法律,才能做到。但是人类并不处于这样悲惨的境地,以致非到时机已过而无法寻求任何办法时才能采用这一补救办法。当旧的立法机关由于受到压迫、暗算或被交给外国权力而消失以后,才告诉人民说,他们可以为自己打算,建立一个新的立法机关,这不啻是在病入膏肓已来不及救治的时候才对他们说可以希望药到病除。事实上,这等于是叫他们先成为奴隶,然后再争取自由;在他们戴上枷锁以后,才告诉他们说,他们可以像自由人那样行动。如果正就是这样,这是愚弄,而不是救济。如果人们在完全处于暴政之下以前没有逃避暴政的任何方法,他们就不能免遭暴政的迫害。因此他们不但享有摆脱暴政的权利，还享有防止暴政的权利。

221. 所以，第一，政府的解体还有另一种途径，这就是，当立法机关和君主这二者的任何一方在行动上违背他们的委托的时候。

第二，当立法机关力图侵犯人民的财产，使他们自己或社会的任何部分成为人民的生命、权利或财富的主人或任意处分者时，他们背弃了他们所受的委托。

222. 人们参加社会的理由在于保护他们的财产；他们选择一个立法机关并授以权力的目的，是希望由此可以制定法律、树立准则，以保卫社会一切成员的财产，限制社会各部分和各成员的权力并调节他们之间的统辖权。因为决不能设想，社会的意志是要使立法机关享有权力来破坏每个人想通过参加社会而取得的东西，以及人民为之使自己受制于他们自己选任的立法者的东西；所以当立法者们图谋夺取和破坏人民的财产或贬低他们的地位使其处于专断权力下的奴役状态时，立法者们就使自己与人民处于战争状态，人民因此就无须再予服从，而只有寻求上帝给予人们抵抗强暴的共同庇护。所以，立法机关一旦侵犯了社会的这个基本准则，并因野心、恐惧、愚蠢或腐败，力图使自己握有或给予任何其他人以一种绝对的权力，来支配人民的生命、权利和产业时，他们就由于这种背弃委托的行为而丧失了人民为了极不相同的目的曾给予他们的权力。这一权力便归属人民，人民享有恢复他们原来的自由的权利，并通过建立他们认为合适的新立法机关以谋求他们的安全和保障，而这些正是他们所以加入社会的目的。我在这里所说的一般与立法机关有关的话也适用于最高的执行者，因为他受

了人民的双重委托,一方面参与立法机关又同时担任法律的最高执行者,因此当他以专断的意志来代替社会的法律时,他的行为就违背了这两种委托。假使他运用社会的强力、财富和政府机构来收买代表,使他们服务于他的目的,或公然预先限定选民们要他们选举他曾以甘言、威胁、诺言或其他方法收买过来的人,并利用他们选出事前已答应投什么票和制定什么法律的人,那么他的行为也违背了对他的委托。这种操纵候选人和选民并重新规定选举方法的行为,岂不就是意味着从根本上破坏政府和毒化公共安全的本源吗?因为,既然人民为自己保留了选择他们的代表的权利,以保障他们的财产,他们这样做不过是为了经常可以自由地选举代表,而且被选出的代表按照经过审查和详尽的讨论而确定的国家和公共福利的需要,可以自由地作出决议和建议。那些在未听到辩论并权衡各方面的理由以前就进行投票的人们,是不能做到这一点的。布置这样的御用议会,力图把公然附和自己意志的人们来代替人民的真正代表和社会的立法者,这肯定是可能遇到的最大的背信行为和最完全的阴谋危害政府的表示。如果再加上显然为同一目的而使用酬赏和惩罚,并利用歪曲法律的种种诡计,来排除和摧毁一切阻碍实行这种企图和不愿答应和同意出卖他们的国家的权利的人们,这究竟是在干些什么,是无可怀疑的了。这些人用这样的方式来运用权力,辜负了社会当初成立时就赋予的信托,他们在社会中应具有哪种权力,是不难断定的;并且谁都可以看出,凡是曾经试图这样做的人都不会再被人所信任。

223. 对此也许有人会说,既然人民是愚昧无知的,经常心怀不满的,那么把政府的基础放在人民的不稳定的意见和不确定的情绪之上,将会使政府受到一定程度的破坏;如果人民一不满意旧的立法机关,就可以建立一个新的,没有一个政府会能够维持很久。我对于这种说法的回答是:恰恰相反。人民并不像一些人所想象的那样易于摆脱他们的旧的组织形式。别人极难说服他们来改正他们业已习惯了的机构中的公认的缺点。如果存在着一些最初就产生的缺点或日积月累由腐败所引起的一些偶然的缺点,即使大家都见到有改变的机会,也不容易加以改变。人民迟迟不肯放弃他们的旧制度的倾向,在我国发生的许多次革命中,在现代和过去的时代,仍旧使我们保留由国王、上议院和下议院所组成的我们的旧的立法机关,或经过几番无结果的尝试之后仍使我们重新采用这一制度。尽管我们的有些君主在义愤的面前被迫退位,但那种义愤却并未使人民另找别的王室为君。

224. 但是,有人会说,这种假设会埋下激发叛乱的根苗。对于这话,我可以答道:

第一,这一假设不见得比其他任何假设更容易激发叛乱。因为,如果人民陷于悲惨的境地,觉得自己受到专断权力的祸害,纵然你把他们的统治者尽量赞美为朱匹忒神的儿子,说他们神圣不可侵犯、降自上天、受命于天,或无论把他们捧成什么人或什么样的人,同样的事情还是会发生的。人民普遍地遭受压迫和得不到公正待遇时,一有机会就会摆脱紧压在他们头上的沉重负担。他们将希望和寻求机会,这种机会在人事变迁、暴露弱点和机缘凑巧的情况下,是不会迟迟不出现的。谁从未见过这种事例,他一定是阅世未深;如果他不能从世间各种政府中举出这样一些事例,他一定是读书极少。

225. 第二，我的回答是，这种革命不是在稍有失政的情况下就会发生的。对于统治者的失政、一些错误的和不适当的法律和人类弱点所造成的一切过失，人民都会加以容忍，不致反抗或口出怨言的。但是，如果一连串的滥用权力、渎职行为和阴谋诡计都殊途同归，使其企图为人民所了然——人民不能不感到他们是处于怎样的境地，不能不看到他们的前途如何——则他们奋身而起，力图把统治权交给能为他们保障最初建立政府的目的的人们，那是毫不足怪的。如果没有这些目的，则古老的名称和美丽的外表都决不会比自然状态或纯粹无政府状态来得好，而是只会坏得多，一切障碍都是既严重而又咄咄逼人，但是补救的办法却更加遥远和难以找到。

226. 第三，我答道，关于立法者由于侵犯人民的财产，从而辜负他们所受的委托时，人民有以新的立法机关重新为自己谋安全的权力这一学说，是防范叛乱的最好保障和阻止叛乱的最可靠的手段。因为叛乱不是反对个人，而是反对以政府的宪法和法律为根据的权威；不论什么人，只要以强力破坏法律并以强力为他们的违法行为辩护，就真正是地道的叛乱者。因为，人们由于参加社会和组成公民政府已经排除了强力，并采用法律来保护他们的财产、和平和他们之间的统一，这时凡是违反法律重新使用强力的人，就是实行 rebellare[造反]——即重新恢复战争状态——而成为真正的叛乱者。握有权力的人(由于他们享有权威的借口、他们所具有的强力的引诱和他们周围的人们的谄谀)最容易做这样的事，因此防止这种弊害的最适当的方法，就是向那些最容易受到诱惑去犯这种错误的人指出其危险性和非正义性。

227. 在上述两种情况下，即不论是立法机关有所改变还是立法者在行动上违背了当初他们被任命的目的，犯有这种罪行的人就是犯了叛乱罪。因为，如果谁用强力废除任何社会所设置的立法机关和受社会的委托而由立法机关制定的法律，谁就从而废除了各人所同意的为和平地解决他们一切纷争而建立的仲裁者，以及阻止他们中间发生战争状态的屏藩。谁要是取消或改变立法机关，谁就废除了这种非经人民委任和同意就没有人能享有的决定性权力；他们因此破坏了人民所奉立的而非其他任何人所能奉立的权威，并使用了一种未经人民授予的权力，这样，他们实际上造成了战争状态，即没有权力根据的强力状态。所以，他们由于取消了社会所建立的立法机关（人民同意它的各项决定并被它们统一起来，正如把它们看作他们自己的意志一样），就把这一纽带解开，使人民重新陷入战争状态。如果那些用强力废除立法机关的人是叛乱者，那么，为了保护和保卫人民、他们的权利和财产而设置的立法者，一旦用强力侵犯并力图废除这些权利和财产时，就正如上述那样，也只能同样被看作叛乱者。因此，既然他们使自己与推选他们作为和平的保护者和保卫者的人们处于战争状态，他们真正是罪加一等的叛乱者。

228. 但是，如果那些认为我的假设会造成叛乱的人的意思是：如果让人民知道，当非法企图危及他们的权利或财产时，他们可以无须服从，当他们的官长侵犯他们的财产、辜负他们所授予的委托时，他们可以反抗他们的非法的暴力，这就会引起内战或内部争吵；因此认为这一学说既对世界和平有这种危害性，就是不可容许的。如果他们抱这样的看法，那么，他们也可以根据同样的理由

说，老实人不可以反抗强盗或海贼，因为这会引起纷乱或流血。在这些场合倘发生任何危害，不应归咎于防卫自己权利的人，而应归罪于侵犯邻人的权利的人。假使无辜的老实人必须为了和平乖乖地把他的一切放弃给对他施加强暴的人，那我倒希望人们设想一下，如果世上的和平只是由强暴和掠夺所构成，而且只是为了强盗和压迫者的利益而维持和平，那么世界上将存在什么样的一种和平。当羔羊不加抵抗地让凶狠的狼来咬断它的喉咙，谁会认为这是强弱之间值得赞许的和平呢？波里斐谟斯的山洞为我们提供了这样一种和平和这样一种政府的良好典型；在那里，尤利西斯和他的同伴们除了乖乖地被吞噬外，毫无别的办法。[①] 无疑地，尤利西斯是个世故颇深的人，他在当时主张消极服从，向人们解说和平对于人类的意义，并指出如果反抗目前对他们享有权力的波里斐谟斯就会发生什么害处，因而劝他们默默地屈服。

229．政府的目的是为人民谋福利。试问哪一种情况对人类最为有利：是人民必须经常遭受暴政的无限意志的支配呢，还是当统治者滥用权力，用它来破坏而不是保护人民的财产的时候，人民有时可以反抗呢？

230．谁也不能这样认为：只要有一个多事的人或好乱成性的人希望随心所欲地不时变更政府，就可以随时引起祸害。固然，这

① 洛克在这里所引证的是古希腊诗人荷马（Homer）所著叙事诗《奥德赛》（*Odyssey*）中关于伊大卡（Ithaca）王奥德赛（即尤利西斯 Ulysses）漫游的一段情节。奥德赛在一次战争后率领部下返回伊大卡的途中，落到独眼巨人波里斐谟斯（Polyphemus）的山洞里；独眼巨人每天要吃几个俘虏，只是由于奥德赛的机智勇敢，才得以生还。——译者注

种人可以随时任意煽动骚乱，但这只会使他们自作自受，陷于灭亡。因为，除非是祸害已带有普遍性，统治者的恶意已昭然若揭，或他们的企图已为大部分人民所发觉，宁愿忍受而不愿用反抗来为自己求公道的人民是不大会慨然奋起的。偶见的不平事例或零星个别不幸的人所受的压迫，是不会激动他们的。但是，如果他们基于明显的证据，普遍地相信侵犯他们权利的计划正在实施，而事态的一般演进和趋向又不能不使他们强烈地怀疑他们的统治者的不良意图，这又应该怪谁呢？如果他们可以避免而竟自招这种怀疑，这又能怨谁呢？如果人民具有理性动物的感觉，能就他们所见所感的事情进行思考，这能归咎他们吗？这是否正是那些使事态发展到这种境地而又不愿被人认识其真相的人们的过错呢？我承认，私人的骄傲、野心和好乱成性有时曾引起了国家的大乱，党争也曾使许多国家和王国受到致命的打击。但祸患究竟往往是由于人民的放肆和意欲摆脱合法统治者的权威所致，还是由于统治者的横暴和企图以专断权力加诸人民所致，究竟是压迫还是抗命最先导致混乱，我想让公正的历史去判断。我相信，不论是统治者或臣民，只要用强力侵犯君主或人民的权利，并种下了推翻合法政府的组织和结构的祸根，他就严重地犯了我认为一个人所能犯的最大罪行，他应该对于由于政府的瓦解使一个国家遭受流血、掠夺和残破等一切祸害负责。谁做了这样的事，谁就该被认为是人类的公敌大害，而且应该受到相应的对待。

231. 如果臣民或外国人企图用强力侵犯任何人的财产，可以用强力抵抗，这是已被公认的。但是官吏们做了同样的事也可以加以反抗这一点，近来却为人所否认；仿佛那些基于法律享有最大

权利和便利的人因此就有权破坏法律似的,其实正是那些法律使他们占有比他们的同胞较为优越的地位;相反地,他们的罪行却因此更大,因为他们既辜负了法律所给予的较大权力,同时他们也有负于同胞所授予的委托。

232. 谁不基于权利而使用强力,正如每一个无法无天的人在社会中所做的那样,就使自己与他使用强力来对付的人们处于战争状态;在这种状态中,以前的一切拘束都被解除,其他一切权利都不再有效,而人人都享有自卫和抵抗侵略者的权利。这是那样明白,就连巴尔克莱[①]自己,即那位主张君权和君主神圣不可侵犯学说的著名人物,也不得不承认,在有些场合,人民反抗他们的国王是合法的,而且这话恰恰见于他妄图证明上帝的法律禁止人民进行各种各样叛乱的那一章中。由此可见,即使根据他自己的学说,人民既可以在有些场合进行反抗,那么对君主的反抗就并不都是叛乱。他的原话如下:

"Quod si quis dicat, Ergone populus tyrannicae crudelitati et furori jugulum semper praebebit? Ergone multitudo civitates suas ame, ferro, et flammâ vastari, seque, conjuges, et liberos fortunàe ludibrio et tyranni libidini exponi, inque omnia vitàe pericula omnesque miserias et molestias à rege deduci patientur? Num illis, quod omni animantium generi est à naturâ tributum, denegari debet, ut scilicet vim vi repellant, seseque ab injuriâ tu-

① 巴尔克莱(William Barclay, 1546—1608),苏格兰法学家,拥护君权神授学说。——译者注

eantur? Huic breviter responsum sit, populo universo non negari defensionem, quae juris naturalis est, neque ultionem quae praeter naturam est adversus regem concedi debere. Quapropter si rex non in singulares tantum personas aliquot privatum odium exerceat, sed corpus etiam reipublicae, cujus ipse caput est, i. e. totum populum, vel insignem aliquam ejus partem immani et intolerandâ saevitiâ seu tyrannide divexet; populo, quidem hoc casu resistendi ac tuendi se ab injuriâ potestas competit, sed tuendi se tantum, non enim in principem invadendi: et restituendae injuriae illalae, non recedendi à debitâ reverentiâ propter acceptam injuriam. Praesentem denique impetum propulsandi non vim praeteritam ulciscendi jus habet. Horum enim alterum à naturâ est, ut vitam scilicet corpusque tueamur. Alterum vero contra naturam, ut inferior de superiori supplicium sumat. Quod itaque populus malum, antequam factum sit, impedire potest, ne fiat, id postquam factum est, in regem authorem sceleris vindicare non potest: populus igitur hoc ampliùs quam privatus quispiam habet: Quod huic, vel ipsis adversariis judicibus, excepto Buchanano, nullum nisi in patientia remedium superest. Cum ille si intolerabilis tyrannis est (modicum enim ferre omnino debet) resistere cum reverentiâ possit."—Barclay, *Contra monarchomachos*, lib. iii., c. 8.

翻译过来就是：

233. 但是如果有人问：那么，人民是否必须经常忍受暴政的虐待和凶残呢?他们是否必须坐视他们的城市遭受劫掠,化为灰烬,他们的妻子儿女任令暴君蹂躏和泄欲,他们自己和他们的家庭为他们的国王所毁灭,受尽贫困和压迫之苦,而只能束手待毙呢?自然允许其他一切生物为保卫自己不受侵害可以充分行使以强力对抗强力的共同权利,是否惟独人就不能行使这种权利呢?我的回答是:自卫是自然法的一部分,不能不让社会实行自卫,甚至不能不让社会对君主实行自卫。但是人民向他进行报复是决不许可的,这是与自然法相抵触的。因此,如果国王不单憎恨某些个人,而且与他身为其元首的整个国家作对,并用不堪忍受的虐待残暴地压迫人民的全部或一大部分,人民在这种场合就有权进行抵抗和保卫自己不受损害。不过,在实行自卫时必须注意的是,他们只能保卫自己,不可攻击他们的君主。他们可以纠正他们所受的损害,但是不应该因为激愤而超出必要的敬重和尊敬的范围。他们可以击退当前的袭击,但是不应该对过去的暴行实行报复。因为,保卫我们的生命和身体,对我们来说是很自然的,但是由一个下级来惩罚一个上级,那是违反自然的。人民可以在对他们实施危害以前就加以防止,但是在已经实施以后,纵然国王是罪魁祸首,也不应该对他实行报复。所以,这就是人民大众超出个别私人所享有的权利:连我们的论敌(只有布肯南[①]是例外)也认为个别私人除了忍耐以外没有其他补救办法,但人民的集体则可以在表示尊敬的同时反抗不堪忍受的暴政;而当暴政尚有节制时,他们就应该

① 布肯南(George Buchanan, 1506—1582),苏格兰人道主义作家,主张君主根据契约统治人民,人民有权反抗不履行契约的暴君并加以惩罚。——译者注

加以忍受。

234. 这就是君权的著名拥护者所容许反抗的程度。

235. 固然，他徒劳无益地给反抗加上两种限制的条件。

第一，他说，反抗时必须具有敬意。

第二，反抗时必须不带报复或惩罚；他所提出的理由是，因为一个下级不能惩罚一个上级。

第一，怎样反抗强力而不还手，或怎样尊敬地还手，这是需要一些技巧才能使人明白的。如果一个人在抵抗攻击时只以盾牌挡剑，或用更尊敬的姿态，即手不持剑，以求削弱攻击者的自信和强力，他很快就会无法抵抗，并将发觉这种防卫只会使自己受害更甚。这种抵抗方法正如朱温拿尔[1]所设想的作战方式一样可笑：ubi tu pulsas, ego vapulo tantum［当你动手打人时，我就听凭你打］。而战斗的结果将不可避免地与他在那里所描写的一样：

　　Libertas pauperis hæc est：
Pulsatus rogat, et pugnis concisus, adorat,
Ut liceat paucis cum dentibus inde reverti.

　　［这就是穷人的自由：
人们殴打了他——他请求，而用拳头殴打了他——他哀求，
如果人家让他走开，倒多少还使几颗牙齿得到保留。］

这种人们不可以还手的虚假的反抗，其结果总是这样。因此，谁有权反抗就必须被容许还手。让我们的作者或其他任何人把当头一棒或迎面一刀同他认为合适的尽量多的敬重和尊敬联系在一起

① 朱温拿尔（Juvenal，约 60—140），罗马讽刺诗人。——译者注

吧。谁能把挨打和尊敬调和起来,也许谁就有资格挨受人家的斯文而又尊敬的一棒作为他的劳苦的报酬,假如他能遇到这种机会的话。

第二,至于他的第二点,即下级不能惩罚上级,一般地说,只要甲是乙的上级,这是对的。但是,以强力反抗强力既然是使双方变成平等的战争状态,就取消了原先的崇敬、尊重和上级的关系,因而所剩下的差别是,反抗不法侵略者的人具有这种比侵略者较优的地位——即当他胜利时,他有权惩罚罪犯,不但惩罚他的破坏和平,而且惩罚他因破坏和平而造成的一切祸害。因此,巴尔克莱在另一个地方就格外坚持自己的主张,否认在任何场合反抗国王是合法的。但是他在那里指出有两种场合,一个国王可以使自己丧失国王的地位。他的原话如下:

Quid ergo, nulline casus incidere possunt quibus populo sese erigere atque in regem impotentius dominantem arma capere et invadere jure suo suâque authoritate liceat? Nulli certe quamdiu rex manet. Semper enim ex divinis id obstat, Regem honorificato, et qui potestati resistit, Dei ordinationi resistit: non aliàs igitur in eum populo polestas est quam si id committat propter quod ipso jure rex esse desinat. Tunc enim se ipse principatu exuit atque in privatis constituit liber; hoc modo populus et superior efficitur, reverso ad eum scilicet jure illo quod ante regem inauguratum in interregno habuit. At sunt paucorum generum commissa ejusmodi quæ hunc effectum pariunt. At ego cum plurima animo perlustrem, duo tantum invenio, duos, inquam, casus quibus rex ipso acto ex rege non regem se facit et omni honore et dignitate regali atque in subditos potestate destituit; quorum etiam meminit Winzerus. Horum unus est, si regnum disperdat, quemadmodum de Nerone fertur, quod is nempe senatum populumque Romanum atque adeo urbem ipsam ferro flammaque vastare, ac novas sibi sedes quærere decrevisset. Et de Caligula, quod palam denunciarit se neque civem neque principem senatui amplius fore, inque animo habuerit, interempto utriusque ordinis electissimo, quoque Alexandriam commigrare, ac ut populum uno ictu interimeret, unam ei cervicem optavit. Talia cum rex aliquis meditatur et molitur serio, omnem regnandi curam et animum ilico abjicit, ac proinde imperium in subditos amittit, ut dominus servi pro derelicto habiti dominium.

236. Alter casus est, si rex in alicujus clientelam se contulit, ac regnum quod liberum à majoribus et populo traditum accepit, alienæ ditioni mancipavit. Nam tunc quamvis forte non eâ mente id agit populo plane ut incommodet; tamen quia quod præcipuum est regiæ dignitatis amisit, ut summus scilicet in regno secundum Deum sit, et solo Deo inferior, atque populum etiam totum ignorantem vel invitum, cujus libertatem sartam et tectam conservare debuit, in alterius gentis ditionem et potestatem dedidit, hâc velut quadam regni abalienatione effecit, ut nec quod ipse in regno imperium habuit retineat, nec in eum cui collatum voluit, juris quicquam transferat; atque ita eo facto libe-

rum jam et suæ potestatis populum relinquit, cujus rei exemplum unum annales Scotici suppeditant. —Barclay, *Contra Monarchomachos*, I. iii, c. 16.

上文翻译过来就是:

237. 那么,是否不会发生这样的事,即人民可以有权和根据自己的权威自动武装起来,攻击横暴地压制他们的国王呢?当国王还是国王的时候,决不能有这样的事。"尊崇国王"和"谁反抗权力就是反抗上帝的命令",乃是永远不许人民这样做的神的启示。因此,人民决不能有支配国王的权力,除非君主做了一些使他不再成为国王的事情;因为那时他放弃自己的王冠和崇高的地位,回到私人的状态,人民则成为自由的和优越的,同时他们在奉他为国王之前的王位空缺期间所有的权力,又归他们所有。但是只有极少数的失政行为才会把事情弄到这种地步。我从各方面加以研讨之后,只能找到两种场合。我说,只有两种场合使一个国王事实上已不成其为国王,失去了支配他的人民的全部权力和王权,而这种情况也是温遮鲁斯所注意到的。

第一种场合是,如果他企图推翻政府——即如果他蓄意和图谋使王国与国家毁灭,如历史上记载的尼禄王,他决心铲除罗马的元老院和人民,用火与剑使全城化为瓦砾,然后迁往别处。又如历史上记载的加利古拉,他公开地宣布他不再是人民或元老院的首长,他已打算排除这两个队伍中的最优秀人物,然后退居亚历山大城;他但愿全体人民只有一条脖子,好让他一刀就解决他们。如果任何国王心存这种企图并认真地促其实现,他就立刻放弃他对于国家的一切照料和操心,因此也就丧失其统治臣民的权力,正如一个奴隶主如果抛弃他的奴隶，也就丧失了对他的奴隶的统辖权一样。

238. 第二种场合是，当一个国王使自己屈居于另一个国王之下，并让他的祖宗传下来的、人民慷慨地交给他的王国受制于另一个国家的统辖权。因为，纵然他或许并不存心想残害人民，但是他却因此丧失了他的王位的主要部分，即在王国内仅次于上帝的至高无上的地位，并且背叛了人民或强迫他们受制于外国的权力和统辖权，而人民的自由恰恰是他应该小心地加以维护的。由于他仿佛是用这种办法割让了他的王国，他自己便失去了以前对王国所享有的权力，而并未将丝毫权利转让给他所要让与的人；所以他的这一行动使人民重新获得自由，使他们可以自作安排。苏格兰的历史中可以找到这样一个例子。

239. 在上述那些场合，绝对君主制的著名拥护者巴尔克莱不得不承认，人民可以反抗君主，而君主也可以不再成为君主。我们不必广征博引，总之，如果国王在任何地方丧失他的权威，他就不是国王，他就可以被反抗；因为哪里不再有权威存在，哪里也就不再有国王，而国王就和没有权威的其他人一样。他所指出的两种场合与前面所提到的破坏政府的情况，并无多大出入，所不同的只是他忘记指出他的学说所根据的原则。这个原则就是，国王辜负人民的委托，不去保全大家所同意的政府形式，不去设法达到政府本身为公众谋福利和保护财产的目的。如果一个国王已使自己不再成为国王，并使自己与人民处于战争状态，有什么办法能阻止人民不来控诉他这个已经丧失其国王地位的人，如同对待与他们处于战争状态的其他任何人一样呢？巴尔克莱和同他持有相同意见的人们最好能为我们澄清一下。从巴尔克莱所说的那些话里,我还要求注意这一层,即他说,人民可以在对他们的危害尚未实施以前就加以防止。根据他的这一说法,暴政尚在计划中时就已容许反抗。这些企图,(他说)如果国王已胸有成竹并认真地加以实施,他就放弃了他对于国家的一切照料和操心;所以,根据他的说法,对于公共福利的疏忽就应当被看作这种企图的证明,或至少看作是反抗的充分理由。而全部理由他是这样概括的:因为国王背叛了人民或强迫他们,而人民的自由恰恰是他应该小心地加以维护的。至于他又补充的"受制于一个外国的权力和统辖权"的话,则并无多大意义,因为过错和丧权是在于人民丧失了他应该加以保护的自由,而并不在于他们受其统辖的人有所不同。不论人民变成本国的或任何外国的奴隶,他们的权利同样受到侵犯,他们的自由也同样遭到剥夺;这就是他们所受的损害,并且他们也只有抵抗这种损害的自卫权利。在所有的国家中都能找到事例来证明,给予凌辱的不是执政人员的民族的改变,而是政府的改变。比尔逊[①],我们教会的一个主教和君主权力和特权的顽强拥护者,在他的《基督教徒的服从》这篇论文中,如果我没有弄错的话,承认君主们可以丧失他们的权力和使臣民对他们服从的地位。如果在事理十分明显的问题上还需要权威的话,我可以介绍读者读一读伯拉克敦[②]、福特斯库[③]、《镜子》

① 比尔逊(Thomas Bilson,1546—1616),英国温彻斯特主教。——译者注

② 伯拉克敦(Henry de Bracton,?—1268),英国法学家,主张法律至上的理论。——译者注

③ 福特斯库(John Fortescue,1394—1476),英国法学家,主张君主立宪,反对君主专制。——译者注

的作者和其他人的作品，这些作家都不能被疑为不了解我们的政府或是与政府为敌的。但是我认为只要参考胡克尔的理论就足以使那些以胡克尔为依据而主张教会政体的人感到满意，因为他们在一种奇怪的命运的支配之下，竟然否定胡克尔所据以建立他的论点的那些原则。他们最好想一想，是否他们在这里变成比较狡猾的工人的工具，把自己的建筑物都拆掉了。这一点我是可以肯定的，他们的社会政策是那样地新异、那样地危险和那样地危害统治者和人民双方，以致在过去绝不容许加以提倡，同样地，预料将来的时代在摆脱了埃及的奴隶监工的遗教以后，将以鄙夷的态度来想起这种奴颜婢膝的谄媚者，这些人虽然好像是有用的，实际上却把一切政体都变为绝对暴政，并想使所有的人都生来就处在与他们自己的下贱灵魂相适合的奴役状态。

240. 这里大概又会提出这个常提的问题：谁来判断君主或立法机关的行为是否辜负他们所受的委托？也许，当君主只行使他应有的特权时，心怀恶意和包藏祸心的人会在人民中间散布流言。对于这一点，我的回答是，人民应该是裁判者；因为受托人或代表的行为是否适当和合乎对他的委托，除委托人之外，谁应该是裁判者呢？当受托人辜负委托时，委托人既曾给予委托，就必须有权把他撤回。如果在私人的个别情况下这是合理的话，那么在关系极重大的场合，在关系到千万人的福利的情况下，以及在如果不加防止祸害就会更大而救济就会感到很困难、费力和危险的情况下，为什么倒不是这样呢？

241. 可是还有一层，谁应是裁判者这一问题不应含有绝无任何裁判者的意思；因为，如果人世间没有司法机关来解决人们中间的纠纷,那么天上的上帝便是裁判者。固然,惟有他才是正义的裁判者;但是在这个场合,如同在其他一切场合,究竟另一个人曾否使自己与他处于战争状态,以及他应否像耶弗他那样诉诸最高的裁判者,则由每人自己来判断。

242. 如果在法律没有规定或有疑义而又关系重大的事情上,君主和一部分人民之间发生了纠纷,我以为在这种场合的适当仲裁者应该是人民的集体。因为在君主受了人民的委托而又不受一般的普通法律规定的拘束的场合,如果有人觉得自己受到损害,以为君主的行为辜负了委托或超过了委托的范围,那么除了人民的集体(最初是由他们委托他的)以外,谁能最适当地判断当初的委托范围呢?但是,如果君主或任何执政者拒绝这种解决争议的方法,那就只有诉诸上天。如果使用强力的双方在世间缺乏公认的尊长或情况不容许诉诸世间的裁判者,这种强力正是一种战争状态,在这种情况下,就只有诉诸上天。在这情况下,受害的一方必须自行判断什么时候他认为宜于使用这样的申诉并向上天呼吁。

243. 我的结论是:每个人在参加社会时交给社会的权力,只要社会继续存在,就决不能重归于个人,而是将始终留在社会中;因为如果不是这样,就不会有社会,不会有国家,而这是违背原来的协议的。所以,同样地,如果社会已把立法权交给由若干人组成的议会,由他们和他们的后继者继续行使,并给议会规定产生后继者的范围和职权,那么,只要政府继续存在,立法权就决不能重归于人民;因为他们既已赋予立法机关以永远继续存在的权力,他们就把自己的政治权力放弃给立法机关,不能再行收回。但是如果他们曾规定他们的立法机关的期限,使任何个人或议会只是暂时地享有这种最高权力，或如果掌权的人由于滥用职权而丧失权力，那么在丧失权力或规定的期限业已届满的时候，这种权力就重归于社会，人民就有权行使最高权力，并由他们自己继续行使立法权，或建立一个新的政府形式，或在旧的政府形式下把立法权交给他们认为适当的新人。

图书在版编目(CIP)数据

政府论. 下篇/(英)洛克著;叶启芳,瞿菊农译. —北京:商务印书馆, 2017
(汉译世界学术名著丛书:120 年纪念版:珍藏本)
ISBN 978-7-100-14538-1

Ⅰ. ①政… Ⅱ. ①洛… ②叶… ③瞿… Ⅲ. ①政治制度—研究 Ⅳ. ①D033

中国版本图书馆 CIP 数据核字(2017)第 153603 号

汉译世界学术名著丛书
(120 年纪念版·珍藏本)
政 府 论
下 篇
——论政府的真正起源、范围和目的
〔英〕洛克 著
叶启芳 瞿菊农 译

商 务 印 书 馆 出 版
(北京王府井大街 36 号 邮政编码 100710)
商 务 印 书 馆 发 行
北京市十月印刷有限公司印刷
ISBN 978-7-100-14538-1

2017 年 12 月第 1 版 开本 710×1000 1/16
2017 年 12 月北京第 1 次印刷 印张 11¼
定价:60.00 元